La mode et ses enjeux

Du même auteur

L'Androgyne romantique. Du mythe au mythe littéraire, ELLUG, 1994, rééd. 2008

L'Androgyne décadent. Mythe, figure, fantasmes, ELLUG, 1996

Séduire. L'Imaginaire de la séduction de Don Giovanni à Mick Jagger, PUF, 1997, rééd. 2000 (trad. roumaine)

L'Écriture de la jalousie, ELLUG, 1997

Bisexualité et littérature. Autour de D. H. Lawrence et Virginia Woolf, L'Harmattan, 1998

La Nation aujourd'hui. Formes et mythes, L'Harmattan, 2000

La Frivolité essentielle. Du vêtement et de la mode, PUF, 2001, rééd. « Quadrige », 2008

Mythes et littérature (avec J. Thomas), PUF, 2002 (trad. espagnole)

L'Imaginaire racial, L'Harmattan, 2004

La Sociologie de la mode, PUF, 2006, rééd. 2010 (trad. italienne, japonaise)

L'Automobile. Un imaginaire contemporain (avec J. Thomas), Imago, 2006

Sociologie de l'imaginaire (avec P. Legros, J.-B. Renard, P. Tacussel), Colin, 2006 (trad. portugaise)

Le Monde hippie. De l'imaginaire psychédélique à la révolution informatique (avec M. Xiberras), Imago, 2008

La Photographie de mode. Un art souverain, PUF, 2010

Fiction

Sans Nom et autres nouvelles, Paris, L'Harmattan, 1999

Traductions

A.K. Coomaraswamy, *La Philosophie chrétienne et orientale de l'art*, Pardes, 1990

E. Wharton, *Voyage au Maroc*, Éditions du Rocher, 1996, puis Gallimard, coll. « L'Étrangère », 1998 et Gallimard, coll. « L'Imaginaire », 2001

Frédéric Monneyron

La mode et ses enjeux

50 QUESTIONS

PARIS
KLINCKSIECK

50 QUESTIONS

Collection dirigée par Belinda Cannone

dans la même collection

Odile Blanc, *Vivre habillé* (48)
Nathalie Heinich, *Être artiste* (5)
Anna Lo Giudice, *L'amour surréaliste* (44)
Isabelle Meuret, *L'Anorexie créatrice* (28)
Baldine Saint Girons, *L'Acte esthétique* (39)

liste complète : <www.klincksieck.com/collections/50questions/>

Illustration de couverture :
croquis de Christian Lacroix
(avec l'aimable autorisation du créateur
© Christian Lacroix).

www.klincksieck.com

(1er tirage : 2005)

isbn 978-2-252-03793-5

50 QUESTIONS

Introduction

Conclusion

Introduction

1 *Qui a parlé de la mode ?*

Dans *On Human Finery*, l'ouvrage qu'il écrit en 1945 mais remaniera largement en 1976, Quentin Bell, le neveu et biographe de Virginia Woolf, remarquait : « Les économistes, à qui la grandeur de Veblen n'a pas échappé, ont tendance, me semble-t-il, à négliger sa théorie du vêtement, et même la théorie du vêtement en général, et à considérer que ce genre d'études se limite à une contemplation des vitrines des modistes et de musées, et donne le champ libre aux élucubrations du Teufelsdröckh de Carlyle. Il est vrai que l'étude du vêtement échappe à leur domaine, et revient à la sociologie. Cependant, en Grande-Bretagne, même les sociologues la laissent aux historiens qui, eux, semblent indifférents à la sociologie. Aux États-Unis, cette étude est abandonnée à des sociologues qui ne se préoccupent pas d'histoire. L'étude du vêtement est cependant capitale pour quiconque s'intéresse au comportement humain dans sa dimension tant sociologique qu'historique » (Bell, 1992 : 14).

Bell décrivait ainsi une situation qui n'a pas fondamentalement changé et qui vaut non seulement pour la Grande-Bretagne et les États-Unis, mais aussi bien pour la France ou l'Allemagne. S'il est difficile de ne pas souscrire à ce diagnostic général où différentes disciplines se renvoient un objet mode dont elles ne savent trop que faire, on pourra toutefois objecter que les deux dernières décennies du XXe siècle ont vu la publication de plusieurs ouvrages importants, en France principalement, consacrés au vêtement et à la mode. Certes. Mais il convient de remarquer aussitôt que ces ouvrages restent essentiellement le fait d'une seule et unique discipline : l'histoire. Ce sont les très remarquables livres de Philippe Perrot, *Les Dessus et les Dessous de la bourgeoisie. Une histoire du vêtement au XIX*e *siècle* (1981) et de Daniel Roche, *La Culture des apparences. Une histoire du vêtement (XVII*e*-XVIII*e *siècle)* (1989), qui, en s'éloignant des territoires habituels de l'histoire, ont eu le grand mérite d'attirer l'attention sur l'importance du vêtement dans les faits sociaux et dans les processus historiques. Mais, aussi nécessaires que puissent être les passionnantes recherches des deux historiens, elles n'ont pas dans l'immédiat permis une reconsidération générale qui toucherait toutes les disciplines. La psychanalyse, depuis l'ouvrage, pourtant pionnier, de J. C. Flügel en... 1930 (Flügel, 1982), s'y est peu intéressée, en tout cas très obliquement : par le fétichisme surtout, et à l'exception de quelques tentatives très méritoires comme celle d'Eugénie Lemoine-Luccioni (*La Robe. Essai psychanalytique sur le vêtement*, 1983), elle a largement laissé le vêtement en dehors de son champ d'investigation. Du *Traité de la vie élégante* d'Honoré de Balzac en 1830 jusqu'à Jacques Laurent dans *Le Nu vêtu et dévêtu*, en passant par Oscar Wilde à la fin du XIXe siècle ou Francis de Miomandre au début du siècle dernier, nombreux sont, incontestablement, les écrivains à avoir souligné les implications du vêtement dans le fonctionnement des sociétés. Mais la sociologie, malgré quelques ouvrages intéressants, est loin de lui avoir accordé toute l'attention qu'il mérite et, par exemple, le rôle du vêtement dans la construction des identités individuelles ou sociales continue d'être largement sous-estimé. Quant à l'économie, la place qu'elle accorde à la mode n'est pas meilleure. Bien que l'industrie textile reste un pôle stratégique de l'économie mondiale et de bien des pays, développés comme en développement, et que l'industrie de la mode soit une industrie qui génère de très nombreux emplois et des capitaux très importants, la réflexion économique ne lui a pas réservé une attention particulière dans ses études.

2 *Pourquoi la mode peine-t-elle à devenir un objet d'étude ?*

La mode, il est certain, a éprouvé et éprouve encore aujourd'hui quelque difficulté à devenir un objet d'étude sérieux. À l'évidence, on est loin d'avoir donné au vêtement toute la place qui lui revenait dans l'intégration comme dans la contestation sociales ; et on n'a sans doute pas suffisamment mis en valeur son importance dans les comportements sociaux, car, si l'on ne s'habille pas de la même façon pour aller au cinéma, à un dîner en ville, à un concert ou à un match de tennis, on ne se comporte pas non plus de la même façon selon les vêtements que l'on porte... Et la mode elle-même en tant que phénomène social majeur des sociétés occidentales a été peu étudiée en tant que telle. Ou, du moins, si l'on a cherché parfois à s'interroger sur les modes en général, on a le plus souvent rechigné à s'attarder sur celle qui pourtant semble les résumer toutes et constituer la mode par excellence : la mode vestimentaire.

Il n'est certainement pas inutile, dès lors, de s'attarder sur les raisons de cet oubli – sans doute conviendrait-il du reste tout aussi bien de parler de refoulement –, ne serait-ce que pour établir les conditions nécessaires à un discours sur le vêtement et sur la mode. Assurément ces raisons sont diverses et, pour avoir permis un refoulement aussi général, il ne fait pas de doute qu'elles se sont aussi combinées, et renforcées en se combinant. Deux d'entre elles peuvent être toutefois plus particulièrement avancées.

Dans un premier temps, on sera tenté de penser que sa banalité même constitue la difficulté principale que le vêtement rencontre pour se poser en tant qu'objet d'étude et de discours. Certes, il est ce qui distingue à première vue l'homme de l'animal, ce qui distingue les hommes entre eux, ce qui distingue aussi les époques entre elles, mais il fait tellement partie de notre quotidien qu'on finit par ne plus y penser et, en tout cas, par ne pas penser à faire de lui le lieu d'une réflexion philosophique, sociologique ou psychologique de quelque ampleur. Cet argument que d'aucuns jugeront peut-être puéril n'est sans doute pas à repousser trop rapidement, mais, au vrai, il est bien vite recouvert par un second argument dont il relève du reste largement.

Ce second argument pourrait être formulé ainsi : si le vêtement est exclu du champ de toute recherche sérieuse, c'est à cause de la frivolité qui le caractérise. De fait, dans les sociétés occidentales où toute une tradition philosophique a systématiquement privilégié les « arrière-mondes » et a recherché la vérité derrière l'appréhension immédiate des choses, on comprendra que le vêtement ne peut jamais être considéré que comme une apparence trompeuse. Ou quand bien même on ne jugerait pas que les apparences soient toujours trompeuses, on préférera à tout prendre rechercher l'être derrière elles et, dès lors, toute importance excessive accordée au vêtement et à la mode qu'un Hazlitt considérait significativement, au milieu du XIXe siècle, comme « l'aboutissement regrettable et inéluctable de la vanité ostentatoire et de l'égoïsme exclusif » ne pourra être que suspecte de frivolité.

3 *Et si les apparences étaient profondes ?*

Replacer le vêtement et la mode au centre d'une interrogation philosophique, esthétique et sociologique majeure implique donc, dès lors, de pouvoir les extraire de la banalité où ils se tiennent le plus généralement et les poser dans une distance de soi suffisante, mais aussi, ce qui va avec, d'effectuer le renversement de toute une attitude philosophique. Considérer avec Oscar Wilde, dans *The Picture of Dorian Gray*, que « le vrai mystère du monde est le visible et non l'invisible » et, par suite, s'employer à penser le vêtement non plus comme puissance d'erreur mais comme moule et matrice, non plus comme élément second, accessoire, mais comme élément premier et fondateur, déterminant les comportements individuels comme les structures sociales. Bref, prendre le pari, serait-on tenté de dire, qu'*au commencement était le vêtement*.

Sans doute pourrait-on trouver, dans la position remontant à Platon et soutenue épisodiquement jusqu'à Adorno, qui a fait de la mode un art à part entière, quelque aide à ce renversement. Dans *Le Peintre de la vie moderne*, Baudelaire ne voyait-il pas la mode « comme une déformation sublime de la nature ou plutôt comme un essai permanent et successif de réformation de la nature » ? (Baudelaire, 1975 : 1183). Sans doute pourrait-on trouver plus fondamentalement encore dans la transmutation de toutes les valeurs qu'opère la philosophie nietzschéenne, et l'affirmation de la profondeur de l'apparence que, par suite, elle soutient, les formes générales de ce renversement. Mais il s'agit avant tout de sortir de la dialectique de l'apparence et de l'être, et il est moins question d'assurer la primauté de l'apparence sur l'être que d'observer l'impact de la première sur le second.

Que la transformation des apparences puisse finir par changer l'être, c'est ce qu'un Norbert Elias a pu montrer décisivement sur des objets autres. On sait en effet que, en 1969, dans *Über den Prozess der Zivilisation* (*La Civilisation des mœurs* et *La Dynamique de l'Occident*), il a pu analyser la lente intégration psychosociale d'un certain nombre de contraintes qui a modifié nos comportements et a contribué à la « dynamique de l'Occident ». Et on regrettera seulement qu'il n'ait pas accordé dans ses analyses une place plus importante au vêtement, mais, en même temps, il est certain qu'il fournit un cadre des plus utiles à l'étude de ses fonctions. L'importance du vêtement dans la modification des comportements pourrait du reste déjà trouver confirmation à un niveau proprement psychologique. Sans aller jusqu'à parler du fétichisme, on sait que le vêtement occupe une place très importante, centrale même, dans plusieurs pathologies sexuelles comme le travestisme ou le transsexualisme. Et, d'une manière plus générale, personne ne niera qu'il joue un rôle de premier plan dans la construction, déconstruction, reconstruction des identités sexuelles et sociales, et cela même si ce rôle n'a jamais été étudié jusqu'à présent très précisément.

Soulevées par ces considérations, ce sont, par suite, les interrogations suivantes qu'il convient de poser. En quoi l'adoption de telle ou telle parure vestimentaire peut-elle modifier un comportement ou déterminer une identité ? D'une manière plus générale, quelle est, aujourd'hui, la fonction sociale de la mode et si, par essence, elle fournit des modèles, comment les fournit-elle ? Assurément ces modèles passent par les images suscitées par les vêtements. Dans quelle mesure, dès lors, ces images de mode, qui ont été peu étudiées en tant que telles, sont-elles significatives de l'état d'une société ? Ou encore : Qu'est-ce que l'élégance ? Au-delà des vicissitudes des modes et des temps, existe-t-il une élégance en soi ?

Ou s'il n'existe que des élégances particulières, comment peut-on les définir ?

4 *Comment parler de la mode ?*

Des considérations précédentes, il ressort que rompre le silence qui entoure le vêtement et la mode implique plusieurs opérations. Parler de la mode d'une façon sérieuse et efficace signifie en effet faire son histoire, mais aussi faire l'histoire des quelques interprétations qu'elle a pu susciter, ainsi qu'effectuer le renversement philosophique nécessaire qui permettra une appréhension satisfaisante.

On dira sans doute que l'histoire du vêtement et de la mode a donné lieu à de très nombreux ouvrages, et que, par conséquent, elle n'est plus à faire. Mais s'il est vrai que la démarche historique a certainement été la plus féconde en la matière et que son intérêt ne saurait être remis en question, elle n'a pas toujours su lutter contre un certain nombre de tentations propres à l'affaiblir. Quand elle aurait donné les ouvrages les plus passionnants et les plus novateurs sur le sujet, la plupart des ouvrages de vulgarisation relatifs au vêtement et à la mode, les meilleurs comme les pires, des albums en général, n'évitent pas toujours l'historicisme. Et son principal souci est donc de se prémunir contre un historicisme trop pointilleux pour se mettre au service d'une herméneutique approfondie.

Les interprétations du phénomène de la mode, si elles manifestent quelques difficultés à se mettre en place et si elles restent rares, existent néanmoins. Leur histoire, cependant, n'a jamais vraiment été tentée. Elle est pourtant importante à bien des égards. Pour elle-même, car les tentatives, essentiellement sociologiques, qui se sont succédé et ont cherché à définir les fonctions de la mode et à lui trouver un sens ne sont pas sans intérêt et aident à comprendre le regard qui, majoritairement, a été porté sur le phénomène. Mais également parce qu'une histoire des interprétations, qui met en valeur les acquis et les manques, permet d'apprécier pleinement les obstacles auxquels se heurte toute étude de la mode et que, dès lors, elle prépare déjà les aménagements et les reconsidérations nécessaires.

La mode est en effet un phénomène beaucoup plus complexe qu'on ne l'a généralement pensé. Et, pour l'appréhender dans sa complexité, il importe de parvenir à poser le vêtement, comme il a été préconisé dans la question précédente, en tant qu'élément central des comportements individuels et des structures sociales. Dès lors, cette démarche ne saurait être celle d'une sociologie positiviste qui, travaillant à partir de statistiques et d'une observation quantitative, chercherait à saisir directement les relations qu'entretient l'homme contemporain avec le vêtement. Elle est bien plutôt celle d'une sociologie de l'imaginaire et des représentations, qui considère que c'est surtout indirectement, par l'intermédiaire de l'imaginaire, et non directement par la réalité vécue, que sont déterminées nos relations au vêtement ; elle insiste, en outre, sur la fonction d'anticipation et de figuration sociale qu'ont les images de mode. Pour que l'analyse proprement dite de ces images de mode dépasse le stade d'une description superficielle – stade auquel, dans la plupart des ouvrages, elle s'arrête –, elle demande au demeurant à s'articuler autour d'une herméneutique de l'image qui tire sa force d'une vision philosophique plus large. Cette herméneutique, on sera tenté de la chercher dans l'anthropologie de Gilbert Durand, la seule à proposer une perspective qui allie profondeur et cohérence épistémologique. Par suite, c'est en adaptant, par un effort d'imagination méthodologique, les principes des *Structures anthropologiques de l'imaginaire* aux objets considérés, le vêtement et la mode, qu'il est possible de définir les sens de l'apparence.

Présenter ces trois directions, histoire, interprétation et imaginaire, est la tâche que le présent livre se propose d'accomplir. Mais, au-delà, il a également pour ambition de fournir au lecteur une vision synthétique de cette forme d'art qu'est la mode et de lui en montrer les enjeux essentiels.

I
La mode et son histoire

5 *La mode est-elle un phénomène occidental ?*

Sans doute pourrait-on être tenté de considérer dans un premier temps que la mode est un phénomène universel et qu'il n'est pas de société qui ne la connaisse. Et l'on pourra invoquer, à l'appui de cette position, que le vêtement, ce « signe qui sépare l'homme de l'animal » (Condorcet), a, en plus de sa fonction de protection, également une fonction de parure. Quelles que soient les sociétés considérées, des sociétés dites primitives contemporaines aux civilisations anciennes prestigieuses, comme par exemple les civilisations chinoise ou indienne, on trouvera en effet ce souci de la parure que d'aucuns ne manqueront pas d'interpréter comme une forme plus ou moins ancienne de mode. Pourtant, la mode, en tant que concept et en tant que phénomène social, est une création occidentale. La mode comme nous l'entendons en Occident – perpétuel changement touchant l'ensemble d'une société – n'est pas assurément, et n'a jamais été, une caractéristique universelle du costume. Sans doute la robe de soie du mandarin chinois a-t-elle pu être aussi somptueuse que les plus somptueuses des tenues de cour occidentales, et sans doute le vêtement chinois a-t-il subi aussi plus de variations qu'on ne le pense d'une dynastie à l'autre, mais il reste qu'il apparaît figé dans le temps comme dans l'espace social. Et ce qui est vrai de la Chine l'est aussi pour les autres civilisations. En outre, la mode ne se contente pas d'être un concept et un phénomène social occidental, elle est aussi un concept et un phénomène occidental récents.

Elle est, en effet, très intimement liée à l'avènement, exclusivement occidental lui aussi, de sociétés où l'individu devient la valeur suprême, qui se substituent progressivement aux sociétés traditionnelles où la valeur se trouvait placée dans la société comme un tout (Dumont, 1983 : 35). Et si, depuis le Moyen Âge, il a certes existé des modes de cour, la mode ne s'impose vraiment comme phénomène social, avec ses rituels et ses institutions, qu'au XIXe siècle – c'est-à-dire lorsqu'une société fondée sur l'individu, dont on peut, par commodité, situer la mise en place décisive au XVIIIe siècle, se développe pleinement. D'aucuns objecteront que la mode, qui implique un groupe, voire l'ensemble d'une société, relève justement de ce geste holiste propre aux sociétés traditionnelles et qu'on pourrait dès lors être amené à la considérer comme un résidu des parures, des coutumes et des rites de celles-ci. Mais, parce qu'elle repose sur une liberté individuelle, celle d'être ou de ne pas être suivie, elle est, à l'évidence, encore plus significative de la modernité occidentale, articulée autour de l'individu et de la sécularisation.

S'il faut fonder davantage cette appartenance de la mode aux sociétés individualistes d'Occident, on insistera également sur les points suivants. La mode, qui a pour essence de ne jamais durer pour perpétuellement se renouveler, procède en dernière analyse d'une conception linéaire du temps propre à l'Occident moderne, très différente de celle des sociétés traditionnelles, passées ou contemporaines, qu'organisent le temps cyclique des mythes et le temps figé du sacré. Cette conception du temps l'invite, par suite, à se donner comme fin ultime, et illusoire, l'épuisement de toutes les combinaisons vestimentaires possibles, alors que le vêtement des sociétés de la tradition est donné une fois pour toutes. Enfin, alors que, dans ces dernières, la valeur d'usage d'un vêtement ne va pas sans une valeur symbolique très forte, la sécularisation moderne dégage le symbole de l'usage. Certes, les images de vêtement que nous propose la mode occidentale ne sont pas sans produire du sens, mais ce sens n'est plus ni religieux ni univoque et ce sont tous les codes, y compris désormais ceux qui permettaient d'identifier les classes sociales, qui ont volé en éclat. La mode, fondamentalement, naît et joue de cet éclatement.

6 *Comment naît la mode en tant que phénomène social ?*

On ne saurait s'étonner, dès lors, que la naissance de la mode en tant que phénomène social coïncide avec celle des sociétés bourgeoises d'Occident qui se mettent en place au XIXe siècle et, plus précisément, avec celle des sociétés démocratiques qui se définissent comme un agrégat d'individus égaux entre eux. Et, sans doute, n'est-ce pas tout à fait un hasard si le phénomène se développe en tout premier lieu dans les deux pays qui voient s'installer avant les autres ce type de société qui privilégie l'individu en tant que valeur : l'Angleterre et la France.

Si l'on considère la France, qui a l'avantage de manifester cette coïncidence avec une clarté toute particulière, on peut dire que le terrain est prêt pour que s'impose la mode en tant qu'authentique phénomène social, dès l'instant où le vêtement n'a plus pour fonction de permettre une distinction des positions sociales mais obéit à une totale liberté individuelle. On sait en effet que, depuis le Moyen Âge, les différents ordres se distinguaient par des vêtements particuliers, et que, à l'intérieur de deux d'entre eux, la noblesse et le clergé, le vêtement signifiait aussi le rang, la lignée et d'une manière générale la relation hiérarchique, tandis que, dans le troisième, le tiers état, il permettait pour le moins d'identifier les métiers et les différentes activités. Les lois somptuaires qui apparaissent sous François Ier et Henri II et interdisent aux bourgeois de porter certaines étoffes et certaines couleurs, renforcent les divisions en les institutionnalisant, et ces divisions atteindront un raffinement extrême sous la monarchie absolue de Louis XIV, avant de s'effacer quelque peu au XVIIIIe siècle où « l'affolement du rythme des modes de cour révélera une obsolescence des signes de prestige » (Yonnet, 1985 : 310). Cet effacement qui, en lui-même, est déjà significatif d'une crise sociale majeure, la Révolution française, manifestation politique de cette crise, le parachèvera décisivement. Elle dispose en effet, par le décret du 8 brumaire an II (29 oct. 1793) : « Nulle personne de l'un et l'autre sexe ne pourra contraindre aucun citoyen à se vêtir d'une façon particulière, sous peine d'être considérée et traitée comme suspecte et poursuivie comme perturbateur du repos public : chacun est libre de porter tel vêtement ou ajustement de son sexe qui lui convient. » Et, ce faisant, elle marque une rupture fondamentale avec les lois somptuaires et constitue une étape fondamentale dans la transformation d'une mode « réservée à la noblesse, limitée à un groupe réduit d'individus » (Yonnet, 1985 : 315) en une mode qui ne tardera pas à concerner une population bien plus vaste, bref, en *la Mode*. Elle engage en outre, et presque paradoxalement, une essentielle neutralisation politique du vêtement. Si la liberté et l'égalité vestimentaires qu'elle promeut peuvent apparaître encore comme un acte politique puisqu'il s'agit de s'opposer à un ordre ancien, la Révolution substitue sur le plus long terme, à un vêtement qui signifiait la soumission à des impératifs politiques et sociaux, un vêtement qui ne signifie plus que la liberté individuelle. En d'autres termes, ce qu'elle inaugure, c'est aussi le passage du vêtement de la sphère publique à la sphère privée, passage sans lequel, presque par définition, la mode ne saurait être la mode.

7 *Quel est le rôle des périodiques de mode ?*

On le voit, les conditions favorables à la naissance de la mode trouvent dans l'installation de sociétés individualistes leur principe premier et fondateur. Mais, pour que la mode puisse pleinement se développer en tant que telle, il a fallu également que d'autres éléments entrent en jeu. Assurément, elle n'aurait pu le faire si elle n'avait bénéficié de tout un discours d'accompagnement qui la promeut et l'évalue. Ce rôle, important, a été celui des périodiques de mode qui, alors que la mode devient un phénomène établi, se développent parallèlement à elle.

Si l'on prend à nouveau l'exemple de la France, sous la Révolution puis sous le Consulat, la mode nouvelle n'est pas encore un objet littéraire, fût-il journalistique. En revanche, la mode sous l'Empire fait son entrée dans le journal de mode, au demeurant « seule sorte de littérature journalistique que tolérât Napoléon » (Fortassier, 1988 : 42). Il faudra toutefois attendre la monarchie de Juillet pour que la mode qui, sous la Restauration, n'est encore que très peu décrite, devienne à proprement parler un objet d'observation et de description des journaux de mode qui se développent alors pleinement. C'est en 1829 qu'apparaît par exemple, avec bien d'autres publications, un journal comme *La Mode* qui, fondé par Émile de Girardin et placé sous le patronage de la duchesse de Berry, s'oppose au trentenaire et poussiéreux *Journal des dames et des modes* de l'ex-abbé de La Mésangère, et qui publiera le *Traité de la vie élégante* de Balzac avant de prendre une importance considérable.

La Mode qui « récuse la tyrannie des *modistes,* remet à sa place la technique couturière, invite sa lectrice à n'être plus un docile porte-manteau, mais à imposer sa propre élégance, à prévoir et à devancer la mode, à la quitter avant qu'elle ne devienne celle de tout le monde » (Fortassier, 1988 : 46) se présente comme le journal d'une certaine façon de s'habiller, quelque peu aristocratique, reposant sur la certitude qu'une femme qui brode elle-même son tablier ne peut être élégante et qu'une femme élégante change de vêtement trois fois par jour. Ce journal sera synonyme pendant des années de l'élégance et s'alliera à la fois les meilleurs auteurs, de Balzac et Girardin à Barbey d'Aurevilly, et un dessinateur comme Gavarni – il travaillera aussi pour *Le Charivari* et *Le Journal du grand monde* – qui a pu apparaître à beaucoup, avec peut-être Lami, comme le plus grand dessinateur français de mode du siècle. Et les uns et les autres contribueront largement à la faveur dont jouira le discret habit noir masculin qui fait ressortir le linge blanc, sur le modèle d'un Brummell dont les idées sur l'élégance vestimentaire en général avaient pu inspirer au demeurant plusieurs chapitres de *La Mode.*

Si les écrivains prêtent leur plume à *La Mode* et à d'autres journaux – Barbey d'Aurevilly collaborera aussi au *Moniteur de la Mode* et à *La Sylphide* où il signera plutôt des chroniques politiques –, à l'inverse, plus tard dans le siècle, le fameux *Journal de la vie littéraire* apparaît bien souvent comme un périodique de mode. Non seulement s'y trouvent décrites les robes admirées sur une personnalité connue dans un salon ou dans une soirée, mais en outre, il fourmille de renseignements sur les métiers de la mode. Ce flirt entre la mode et la littérature sera mieux illustré encore, à l'évidence, par Mallarmé qui crée, en 1874, *La Dernière Mode.* La revue lui a été inspirée par le mouvement *Arts and Crafts* qu'il découvre à Londres à l'occasion de l'Exposition universelle, et qui prône la symbiose de l'art et de l'industrie. De la première livraison qui voit le jour le 6 septembre 1874 jusqu'à la dernière, le 20 décembre de la même année, les huit numéros auront fait appel, sur des sujets comme la mode certes, mais aussi sur d'autres sujets comme les sports, la chronique mondaine, la gastronomie et la décoration – Mallarmé donnant déjà à « mode » un sens extensif –, à des plumes aussi diverses que celles de Banville, Coppée, Sully Prudhomme, Catulle Mendès, Alphonse Daudet, Zola ou Villiers de L'Isle-Adam. Et, malgré l'existence éphémère de la revue, nombreux seront, à la fin du XIXe siècle, les auteurs qui ne se satisferont pas de donner des poèmes ou des nouvelles aux journaux de mode, mais qui se plairont à décrire les robes d'un vernissage de Bakst ou d'une messe à la Madeleine, comme Montesquiou dans *Les Modes*. Ces écrivains et journalistes qui font leurs armes, voire leur carrière, dans la description couturière montrent en tout cas à quel point la mode est devenue un phénomène social d'une importance qu'ils ne font que renforcer en lui consacrant une partie de leur talent.

8 *Pourquoi la haute couture ?*

Cette installation durable de la mode dans le paysage social du XIXe siècle à laquelle contribuent les périodiques de mode va décider en outre de la forme particulière qu'elle va prendre.

Jusqu'au XIXe siècle, le statut de la couturière – car il s'agit exclusivement de femmes – est un statut extrêmement modeste. La couturière dépend des lingères et surtout des tailleurs qui, seuls, peuvent habiller les hommes et les femmes. Sans doute, en France, ce statut s'est-il amélioré quelque peu à la fin du XVIIe siècle quand une ordonnnance de 1675 leur accorde le droit d'habiller les femmes dans la mesure où « il est dans la bienséance et convenable à la pudeur et à la modestie des femmes et des filles de leur permettre de se faire habiller par les personnes de leur sexe lorsqu'elles le jugent à propos » (cité par Grumbach, 1993 : 15). Mais il faut attendre, malgré tout, 1782 pour qu'on accorde à ladite couturière le droit de vraiment rivaliser avec les tailleurs, sur quelques pièces essentielles de la garde-robe tant féminine que masculine. Et, dès lors, certaines couturières, devenues « marchandes de mode », ne manqueront pas d'accéder à une certaine notoriété, comme Rose Bertin à l'époque de Louis XVI, Madame Palmyre à celle de Charles X et Mademoiselle Beaudrant sous Louis-Philippe.

Cette unification des statuts du tailleur et de la couturière est déjà tout à fait significative de la naissance de la mode en tant que phénomène social. Toutefois, durant la première moitié du XIXe siècle, leur autonomie reste encore limitée. Tout d'abord parce que l'architecture des vêtements et les éléments de base de ceux-ci restent relativement stables pendant assez longtemps; ensuite, parce qu'ils sont encore le plus souvent des exécutants assujettis au goût de leur client. Un nouveau pas décisif sera franchi en 1850, qui marque bien, en même temps que l'avènement définitif des sociétés bourgeoises, cette neutralisation politique du vêtement et son passage dans la sphère privée dont il a été question plus haut. C'est celui que permet l'apparition de la haute couture.

C'est un jeune Anglais, Charles Frederick Worth, qui est à l'origine de cette révolution de la création de mode. Après un apprentissage chez les drapiers londoniens Swan & Edgar, il est employé par la maison Gagelin, célèbre mercerie de la rue de Richelieu, avant d'avoir l'idée de présenter aux clientes ses propres créations sur des modèles vivants, appelés « sosies » et ancêtres des mannequins actuels. Par l'entremise de la princesse de Metternich, épouse de l'ambassadeur d'Autriche, qui apprécie ses créations, il finit par devenir le couturier de la cour de Napoléon III, avant d'acquérir une réputation internationale qui ne contribuera pas peu à établir le métier de couturier comme un métier prestigieux et envié. Worth et ses successeurs, Charles Poynter Redfern ou Jacques Doucet, marquent ainsi une rupture fondamentale : « désormais, il y a un isthme entre cette mode couture, nouveau continent en voie de séparation, et la cour. Worth peut plaire ou ne pas plaire, diviser la cour, il ne travaille pas aux ordres d'un dictateur transcendant du goût, il n'a pas à en interpréter les ukases, à se soumettre : il existe seul » (Yonnet, 1985 : 317). Alors qu'il avait été longtemps inféodé à la volonté du prince, le couturier devient prince à son tour. Et surtout, il va désormais dicter la mode, qui a pris définitivement son indépendance du pouvoir politique et de la vie publique. C'est, par suite, comme un art à part entière que se donne la haute couture, un art dont la règle principale est l'innovation et dont la tâche sera par conséquent d'introduire des bouleversements incessants des formes, des matières et des motifs. Et c'est en tant que tel qu'elle instaure, à proprement parler, une civilisation de la mode.

9 *La mode se fonde-t-elle sur le dimorphisme sexuel du vêtement ?*

Cette civilisation est toutefois essentiellement une civilisation « féminine », si l'on peut dire, car c'est avant tout à la femme que s'adresse la mode. « Pendant plusieurs siècles, rappelle l'historien Daniel Roche, les deux sexes sont à égalité vestimentaire quant à la recherche du raffinement et de l'ornementation. En matière d'extravagance de toilette dans les milieux raffinés, de la Renaissance aux Lumières, les hommes brillent de tous leurs feux » (Roche, 1989 : 43). Mais, avec la Révolution française, à une inégalité vestimentaire instituée entre les différents ordres sous l'Ancien Régime succède presque spontanément une inégalité moins formalisée mais plus efficace encore entre les sexes, de sorte que la division sexuelle du vêtement (le système fermé du pantalon pour les hommes, le système ouvert de la robe pour les femmes) qui, en Occident, est de règle depuis le Moyen Âge, se trouve d'un coup davantage accentuée. Si, en effet, la Révolution, par le décret du 8 brumaire an II, a rompu très fondamentalement, comme on l'a vu, avec les lois somptuaires, elle renforce le dimorphisme sexuel, non seulement en interdisant par une ordonnance de police du 16 brumaire an IX le port du pantalon aux Parisiennes sans autorisation spéciale, mais en inaugurant une longue période où il s'affiche « comme mode pour la femme et non-mode pour l'homme » (Yonnet, 1985 : 326).

De fait, le XIXe siècle, on le sait, consacre l'apparition d'une tenue masculine qui, austère, rigide et sombre, « symbole d'un deuil perpétuel » dira Charles Baudelaire, s'oppose en tous points au vêtement féminin, seul encore marqué par la couleur et la frivolité. Alors que les deux tuyaux du pantalon bourgeois chassent la culotte et les bas aristocratiques, ou que, plus généralement, le dépouillement du drap uni ou discrètement rayé du monsieur

« comme il faut » succède au faste du costume du gentilhomme, les femmes, elles, continuent de briller de tous les feux de leur parure. De même, les bijoux, dentelles, parfums et fards propres aussi bien aux hommes qu'aux femmes de l'aristocratie, sont désormais réservés aux seules femmes. C'est que le vêtement masculin se doit d'incarner à présent les valeurs de la bourgeoisie, cette classe que la Révolution a installée au pouvoir, qui sont celles de producteurs et non plus d'oisifs : les valeurs de travail, d'accumulation et d'épargne. Mais, si l'habit masculin ne peut plus signifier l'oisiveté par lui-même et à peine la richesse, l'habit féminin tout au contraire concentre ses significations entièrement sur lui. En contraignant physiquement le corps de la femme par le biais des corsets, baleines, jupons et bientôt crinolines, il la replace dans une position d'oiseveté et d'inutilité tout à la fois. En outre, il prend pour fonction nouvelle de « signifier par procuration [...] le statut social, la puissance pécuniaire du père, du mari ou de l'amant, pour qui il s'agit d'amasser la richesse sans plus l'exhiber directement » (Perrot, 1984 : 58), ou, pour parler dans les termes de Thorstein Veblen à la fin du XIXe siècle, de signifier que « leur maître a donné commission de faire bien remarquer qu'il peut payer » (Veblen, 1970 : 119).

Ce dimorphisme sexuel du vêtement définit plus fortement sans doute que jamais auparavant en Occident l'identité masculine et l'identité féminine. Et il s'impose si largement au XIXe siècle qu'il ne laisse que très peu d'espace pour sa remise en cause. Mais cet espace, aussi ténu soit-il, existe malgré tout. Et rien ne le montre mieux qu'un mouvement comme le dandysme.

10 *La mode est-elle seulement féminine ?*

C'est en effet avant tout comme la contestation d'un système vestimentaire qu'il faut considérer le dandysme, pour qui « paraître c'est être » (Barbey d'Aurevilly, 1964 : 703) et dont « l'esprit, dira Marcel Boulanger à propos de Brummell, c'est son costume » (cité par Carassus, 1971 : 111). Ce que les dandys critiquent d'une manière générale, c'est le nouvel habit masculin que la bourgeoisie a imposé à l'ensemble de la société. Mais quand bien même ils cultiveraient dans leur révolte une dimension aristocratique, ils ne prônent pas la restauration de l'ancien régime vestimentaire : ils veulent profiter pleinement des nouvelles valeurs égalitaristes et des vertus de l'individualisme, et, par suite, ils revendiquent le droit, comme les femmes, de rivaliser de faste et d'élégance. Plus encore que contre l'égalitarisme, c'est donc contre le dimorphisme sexuel qu'ils protestent. Pratiquement, cette protestation ne passe toutefois pas, du moins chez les premiers d'entre eux, par une imitation du clinquant vestimentaire féminin ni, *a fortiori,* par une reconsidération du système de l'identification formelle des sexes – la seule pièce du vêtement féminin qu'ils adoptent étant le corset –, mais plus simplement par un alignement sur les manières féminines quant au soin accordé à la parure. De fait, c'est dans leur relation au vêtement et non dans le vêtement en lui-même qu'ils s'identifient à la femme. On sait, par exemple, que Brummell, incontestable archétype du dandy, prône « une simplicité masculine de bon aloi » et « rejette toute parure trop efféminée » (Coblence, 1988 : 116-117). Mais, pour être vêtu avec ce soin et cette recherche qui, tout en mettant en avant la rigueur, la sobriété et la parfaite netteté de son costume, attirera les regards, il passe, comme les femmes les plus élégantes et les plus coquettes, des heures à sa toilette. « On a dit que le comble de l'art, pour le dandy, était de ne point se faire remarquer; c'est inexact. Le dandy doit être remarqué, mais sans avoir recours aux moyens trop voyants » (Carassus, 1971 : 101).

Le dandysme, qui apparaît comme un phénomène d'une bien plus grande portée qu'on ne le pense généralement, a vite été récupéré et neutralisé d'une manière générale par la mode. Car « inoculer, à travers la Mode, un peu de dandysme à tout vêtement contemporain, c'était fatalement tuer le dandysme lui-même, puisque, par essence, il était condamné à être radical ou à n'être pas » (Barthes, « Le dandysme et la mode », cité par Carassus, 1971 : 314). Mais il a eu pour effet de faire triompher tout à fait décisivement la « distinction » qui, on l'a souvent signalé, constitue la préoccupation bourgeoise principale (Perrot, 1984 : 157 *sq.*) et d'annoncer une époque pour laquelle « la mode [serait] d'abord une espèce d'uniforme de l'élégance » (Yves Saint Laurent cité par

Coblence, 1988 : 125). Il concourt, au-delà, à poser les termes de toute séduction masculine. Car même si le vêtement ne décide pas fondamentalement de l'intériorisation de cette empreinte du féminin dans la virilité qui est l'essence de cette séduction masculine (cf., à ce sujet, Monneyron, 1997), il l'accompagne à tout le moins, tant il est évident qu'il est pour une grande part dans l'efféminalisation que l'on prête le plus généralement au dandy.

11 *Comment et quand le dimorphisme sexuel se trouve-t-il remis en cause ?*

Le dimorphisme sexuel sur lequel repose la mode sera remis en question dès le début du XXe siècle. Mais alors que le dandysme qui traverse le XIXe siècle revendiquait pour le moins le droit de pouvoir se préoccuper de toilette à l'instar des femmes, c'est un renversement inverse, plus systématique, celui de l'alignement du vêtement féminin sur le vêtement masculin, qui tente de s'effectuer. Et, dans cette perspective, la haute couture qui, en se constituant en art a marqué son indépendendance à l'égard de la vie sociale en général, joue un rôle très important. Loin en effet d'être un emblème de l'oisiveté de la femme et un lieu de conservation, c'est elle qui inaugure le changement. Les couturiers qui se sont engagés et font fortune dans le sillage de Worth, par leur recherche d'un idéal de beauté vestimentaire qu'ils associent à une certaine fonctionnalité, vont contribuer à libérer la femme de la pesanteur de ses parures.

Déjà, dans les vingt dernières années du XIXe siècle, Redfern, en créant une robe longue avec un corsage fermé par des petits boutons portée avec une veste courte, donne une première version de ce qui deviendra plus tard le tailleur. Si, avec ce vêtement, il se conforme encore au système ouvert pour la femme, dans la tentation d'en faire par la suite un uniforme féminin sur le modèle du costume masculin se lit déjà une remise en question du dimorphisme sexuel. Mais c'est à Paul Poiret qu'il reviendra d'oser le premier à proprement parler cette remise en question.

Poiret, en exerçant ses prérogatives de grand couturier, celles en l'occurrence de sa liberté de créateur, s'attaque aux codes sociaux en vigueur et s'oppose à la bienséance bourgeoise qui en est la caution. Tout d'abord employé par les fils Worth, il s'installe rue Auber à Paris en 1904, et entreprend dès lors une vraie révolution du vêtement féminin. Il fait exploser dans un premier temps tout ce qui entravait physiquement la femme, en bref cet « héritage aristocratique de l'entrave ostentatoire à elle seule réservée depuis la Révolution » (Yonnet, 1985 : 330-331). Il supprime avant tout ce corset qui, porté par les femmes dès l'enfance, faisait ressortir la poitrine et les fesses et dont les médecins soulignaient les dangers, si bien que le ministre de l'Instruction publique avait tenté de s'y attaquer en 1902. Il supprime ensuite les jupons en tout genre, assemblage compliqué qui, avec la crinoline, avait pu atteindre des proportions tout à fait extraordinaires, ainsi que les chapeaux encombrants à fruits, feuilles ou fleurs. Puis, dans un second temps, il cherche à s'attaquer aux racines mêmes du dimorphisme sexuel du vêtement, c'est-à-dire au système ouvert qui est le propre du féminin. Et il songe au pantalon pour les femmes qui, de toutes les façons, considère-t-il, finira inéluctablement par s'imposer à elles. Mais, très inspiré par l'Orient, il ne cherchera qu'à retrouver dans une robe l'allure du bouffant et unisexe pantalon oriental. Sans doute le résultat obtenu sera-t-il celui d'une autre entrave, puisque Poiret est amené à entraver la robe aux chevilles et que celle-ci ne permet dès lors que de très petits pas. Aussi le couturier, à l'évidence conscient de ce paradoxe, essaiera-t-il par la suite, mais sans succès, de diffuser une version plus confortable de cette robe inspirée par le pantalon oriental en créant la « *trousers skirt* ». Dans ses mémoires publiées en 1930, *En habillant l'époque*, il affirme qu'il a libéré les femmes par le haut mais les a asservies par le bas, ce qui certes minimise son importance dans la remise en question d'un dimorphisme sexuel multiséculéraire qui avait attteint son apogée au XIXe siècle. Mais si cette remise en question s'est poursuivie tout au long du XXe siècle, il ne fait toutefois pas de doute qu'il l'a inaugurée et en restera le grand initiateur.

12 *Vers la simplification du vêtement féminin ?*

Cette première tentative de remettre en cause le dimorphisme sexuel du XIXe siècle, si elle s'arrête à mi-chemin, va au demeurant dans le sens de la simplification. A défaut d'aller jusqu'au bout de sa logique et de s'attaquer pleinement au système ouvert qui définit le vêtement féminin, elle a eu, en tout cas, pour résultat d'aligner celui-ci sur la simplicité du vêtement masculin. Et, de fait, les couturiers qui succèdent à Poiret ne manquent pas de privilégier cette voie.

Le tailleur qu'avait lancé Redfern à la fin du XIXe siècle est repris par la plupart d'entre eux dès le début du siècle suivant. Mais c'est inconstestablement Coco Chanel qui l'impose décisivement vers 1920 – et l'on connaît le succès et la postérité qu'il aura. C'est, en outre, toute la garde-robe de la femme que Chanel oriente vers la fonctionnalité et la simplicité. Si elle conserve encore la jupe, tout en la raccourcissant, elle lui donne une coupe qui permet une plus grande liberté de mouvement et choisit des matières synonymes de confort. Elle va du reste très loin dans ces directions. Dans sa première boutique de Deauville en 1913, déjà, elle avait promu le tricot fait machine et vendait des « pyjamas de plage » ou des costumes de marin faits dans cette matière. Et, quelques années plus tard, elle développera le cardigan dans lequel elle ne manquera pas d'appparaître elle-même très tôt sur plusieurs photographies. Davantage. Elle utilisera des vêtements qui appartiennent aux métiers et qui représentent donc une certaine fonctionnalité. Ce qui fera dire à une journaliste américaine, Janet Flanner, au début des années 1930, que Chanel « a lancé le *genre* pauvre, elle a introduit au Ritz le tricot de l'apache, rendu élégants le col et les manchettes de la femme de chambre, utilisé le foulard du terrassier et habillé les reines en combinaison de mécano » (cité par Lipovetsky, 1987 : 86). Sans doute faudrait-il ajouter également une certaine économie dans les couleurs – elle substitue aux superpositions compliquées des frous-frous couleurs, bandes simples et lignes droites – qui donne une impression de plus grandes légèreté et liberté.

Le résultat de cette nouvelle révolution engagée par Coco Chanel est une très importante transformation dans la silhouette de la femme. La femme imposante dont le bas du corps disparaissait sous la crinoline fait place à une femme à la taille affinée que d'aucuns n'ont pas manqué de caractériser comme androgyne. Par sa mode, Chanel libère définitivement la femme de cette incapacité physique de participer pleinement à la vie sociale dans laquelle ses vêtements la tenaient, et l'encourage à aller vers une vie physiquement plus libre, celle qu'elle souhaitait du reste pour elle-même et pour ses contemporaines.

Cette simplication du vêtement féminin et la transformation de la sihouette de la femme qu'elle entraîne ne seront plus remises en cause. Sans doute, après la seconde guerre mondiale, Christian Dior qui, avec le *New Look*, est à l'origine de quelques nouvelles turbulences dans le monde de la mode, renoue-t-il avec une certaine somptuosité, comme une aspiration aussi à la prospérité après les dures années de la guerre. Ce n'est pas au prix toutefois d'un anachronique retour en arrière, mais, on le sait, par un très important travail sur la ligne, car si ses jupes s'évasent et deviennent beaucoup plus amples, il préserve les tailles fines.

13 *Qu'a signifié l'arrivée du prêt-à-porter ?*

Le grand bouleversement suivant de la mode ne viendra plus de la haute couture qui, du reste, dans les années 1950 ne se préoccupe plus guère que de la longueur des ourlets et de la place de la taille, mais d'une révolution plus profonde de la profession. Si la haute couture a été durant la première moitié du XXe siècle un réel moteur de changement en matière vestimentaire, le changement désormais provient de sa contestation par l'irruption d'un prêt-à-porter de masse.

Jusqu'à la fin des années 1950, la haute couture imposait d'en haut des modèles qui étaient copiés sur mesure par la confection traditionnelle sans, par suite, que la diversification puisse être très importante. Et c'est cette situation qui va changer fondamentalement à partir du début des années 1960. Si le terme même de prêt-à-porter est inventé par un Français, J.-Ch. Weil, en 1949 et rentrera dans le lexique anglo-saxon, il s'applique à la partie proprement mode d'une forme de production qui est née aux États-Unis dans l'immédiate après-guerre : le *ready wear*. Il s'agissait alors d'une production de grande série qui, par une reproduction de très bonne qualité et immédiate des modèles de la haute couture, se différenciait de la confection européenne à la qualité médiocre et au temps de reproduction bien plus long. Et il est certain que « l'histoire de l'extension de cette branche à l'ensemble de la confection constitue la colonne vertébrale de l'histoire du vêtement après-guerre » (Yonnet, 1985 : 336). Cette extension ne se fera cependant que très progressivement, les couturiers, à l'exception remarquée de Jacques Fath, restant généralement très méfiants. Et il faudra une vingtaine d'années avant que le prêt-à-porter ne s'impose décisivement.

On peut en effet considérer qu'au début des années 1960, la haute couture ne règne plus sur la mode de la manière absolue dont elle avait régné depuis pas loin d'un siècle, et que le prêt-à-porter tend à s'en démarquer, ou, en tout cas, à ne plus trouver en elle les sources premières de son inspiration. Alors que la domination que la haute couture exerçait sur le monde de la mode n'allait pas sans une structure générale de création fortement centralisée, l'apparition du prêt-à-porter permet le développement de tout un ensemble de petits centres de création indépendants qui ne répondent plus aux critères de la corporation. C'est, dès lors, toute la perspective qui change. À un couturier qui s'était constitué en artiste à part entière et dont les relations avec le monde de l'art étaient du reste souvent très étroites succède un styliste dont la principale préoccupation est de se placer en osmose avec les aspirations des masses et qui trouve, par conséquent, son inspiration dans l'observation de la rue et des spectacles les plus significatifs de la société. Et, par suite, loin de pouvoir se satisfaire de proposer des lignes comme il était fréquent en haute couture dans les années 1950, le styliste de prêt-à-porter qui arrive sur le devant de la scène de la couture dans les années 1960, attentif à l'esprit du temps, se devra plutôt de mettre en avant thèmes et concepts, mais aussi attitudes et manières d'être.

La première vague de cette nouvelle génération de couturiers, promoteurs d'un prêt-à-porter autonome, se compose en France de stylistes comme Cacharel, Daniel Hechter, Emmanuelle Khanh, Christiane Bailly, Sonia Rykiel ou Dorothée Bis, auxquels il faudrait adjoindre quelques « hauts » couturiers qui développent un prêt-à-porter de luxe comme Yves Saint Laurent avec sa collection « Rive Gauche », en 1966-1967. En Angleterre, le phénomène se concentre surtout autour de boutiques qui marquent la quintessence de diverses tendances, comme celle qu'avait ouverte Mary Quant pour une clientèle de beatniks sur King's Road dès 1958 et dont le succès avait été immense, ou comme la boutique Biba de Barbara Hulanicki qui vend en même temps que des vêtements des produits de maquillage, des bijoux et des accessoires appropriés, et dont l'ouverture à Londres en 1964 est très remarquée. L'ensemble du phénomène, dans ses déclinaisons française et anglaise, consacre au demeurant l'arrivée de cette nouvelle catégorie sociale des jeunes comme interlocuteurs privilégiés d'un marché de la mode dont ils avaient jusqu'alors été exclus. Outre qu'aux États-Unis s'était développé dès la fin des années 1950 un marché spécifique pour les *teenagers* qui, ayant acquis un pouvoir d'achat qu'ils n'avaient pas jusqu'alors, cherchaient à revendiquer un style vestimentaire propre, bien des mouvements de la jeunesse des années 1960 apparaissent d'abord comme des révolutions vestimentaires. Les teddy boys comme les hippies, en passant par les beatniks, mods et autres rockers sont en effet les promoteurs d'une mode qui se développe spontanément parmi les couches les plus jeunes de la population des pays industrialisés et qui sera réinterprétée par les stylistes du prêt-à-porter triomphant avant de remonter jusqu'à la haute couture, ainsi qu'en témoigne, par exemple, l'utilisation du jean par un couturier comme Yves Saint Laurent.

L'avènement d'un prêt-à-porter de masse, en définissant une mode qui concerne les jeunes, ne tarde pas à instaurer une nouvelle différenciation vestimentaire : celle qui s'établit entre les classes d'âge. Mais il accélère en revanche la réduction des différenciations existantes.

14 *Vers la fin des différenciations sociales ?*

Dans la mesure où l'histoire du prêt-à-porter peut être interprétée comme « le processus d'unification des divers modèles vestimentaires de la société bourgeoise classique dans un modèle unique et industrialisable » (Soral, « Contribution sérieuse à l'étude du vêtement et de la mode », dans Monneyron, 2001 : 226), c'est, en tout premier lieu, les différenciations sociales du vêtement que le prêt-à-porter concourt à réduire.

Cette réduction avait déjà été largement entamée pour ce qui concerne le vêtement masculin dès le début des années 1920. De fait, l'homme que l'installation des sociétés bourgeoises avait repoussé dans un habit stéréotypé avait assurément exprimé durant tout le XIXe siècle la volonté de se différencier. Si, de cette volonté de singularisation, le dandysme a été évidemment la manifestation la plus visible, certains accessoires la permettaient presque naturellement, comme la canne ou le chapeau. Mais, après la première guerre mondiale, les possibilités de singularisation diminuent et, en diminuant, elles épuisent en même temps les combinaisons. L'ouvrier et l'employé, au moins le dimanche, abandonnent leurs vêtements de travail (par exemple le bleu pour le premier et la blouse pour le second) et finissent par adopter les habits du bourgeois, en tout cas le complet-veston qui, débarrassé du gilet, en était devenu l'uniforme fonctionnel et générique. Sans doute reste-t-il « des disparités de coupe de tissus, mais essentiellement liées à la qualité des matériaux et du travail (la “bonne coupe”), à l'éducation respective de chacun. La structure et les pièces du vêtement tournent à l'identique » (Yonnet, 1985 : 333). Le vêtement féminin est certes plus différencié. Mais, à la même époque, il n'est pas lui non plus totalement à l'écart de cette évolution. Les tenues de sport (maillots de bains, mais aussi polos et cardigans) qui affaiblissent les différences sociales si elles ne les éliminent pas sont en effet tout autant prisées par les hommes que par les femmes. C'est toutefois bien plus tard que les tenues de sport vont se répandre plus largement encore et parachever la réduction déjà en gestation, et cela désormais pour les deux sexes.

Ce qu'il est convenu d'appeler le *sportswear* fait en effet son apparition dans les années 1960 et surtout dans les années 1970, pour devenir « l'idée unifiante, contaminante, éclaboussante, irradiante, de la mode vestimentaire » (Yonnet, 1985 : 343). Plus que des vêtements issus directement du sport, il convient à l'évidence de désigner sous ce terme une manière décontractée de s'habiller et d'être, et, par conséquent, également des vêtements issus du vestiaire de métiers divers ou de surplus militaires où il a trouvé très rapidement tout autant ses origines que dans le sport à proprement parler. En tout cas, le *sportswear* au sens large triomphe vite et efface toutes les différenciations sociales tant il s'adresse à l'ensemble des populations des pays occidentaux. Le jean, qui s'impose non seulement pour les pantalons mais aussi pour les vestes et les blousons, au-delà des classes sociales, des sexes et progressivement des classes d'âge, et qui finit par pouvoir être porté presque en toute occasion – en tant que tenue de loisir, en tant que tenue de travail, voire en tant que tenue de sortie – est assurément le meilleur exemple de ce triomphe puisque sa vente progresse de 300 % en Europe entre 1970 et 1976, mais il n'est pas un exemple unique. Les blousons d'aviateur ou de motard, les parkas revues ou non par les stylistes et, en tout cas, portées d'une manière décontractée, s'affichent aussi rapidement et transcendent les différences de statut en pouvant tout aussi bien être les vêtements du cadre que ceux de l'ouvrier. Quant aux tenues plus proprement sportives – tenues de jogging et chaussures de sport – leur usage reste pendant cette période sans doute plus spécifique, pour le jogging ou pour l'intérieur, mais elles sont significatives également d'une volonté de liberté et de confort qui touche sans distinction si ce n'est l'ensemble d'une population, du moins une très grande partie.

15 *Vers une mode unisexe ?*

Le *sportswear,* en mettant à mal les différenciations sociales vestimentaires, n'est pas non plus, on le voit, sans s'attaquer au dimorphisme sexuel. Le jean, par exemple, devient dans les années

1970 d'un usage aussi bien féminin que masculin. Et la principale révolution qui s'accomplit dans les années 1960, quand triomphe le prêt-à-porter, et se poursuit ensuite, est incontestablement celle qui fait exploser un système pluriséculaire. Elle se donne comme l'aboutissement des remises en cause lancées au début du siècle par Poiret et poursuivies deux décennies plus tard par Chanel, mais largement mises en sommeil de 1930 à 1955 environ. Car elle signe l'acte de décès du dimorphisme sexuel en se caractérisant, en général, par un alignement de plus en plus grand du vêtement de la femme sur celui de l'homme et en contestant décisivement, en particulier, le système ouvert qui prévalait encore pour la femme.

De fait, en l'espace d'à peine plus de dix ans, l'annexion du vestiaire masculin par la femme a été à peu près totale, si bien qu'il est devenu impossible aujourd'hui de citer un vêtement qui, anciennement masculin, ne puisse figurer dans la garde-robe d'une femme. Même des accessoires importants, comme la cravate ou le nœud papillon, peuvent devenir à l'occasion élément à part entière de l'habit féminin. De tout ce vestiaire, c'est bien entendu le pantalon, emblème par excellence du système fermé masculin, qui attire le plus évidemment l'attention. On le trouve du reste aussi bien en haute couture, en particulier chez Yves Saint Laurent dont le tailleur pantalon et le smoking sont devenus célèbres, que dans les collections de prêt-à-porter. Et, d'une manière générale, il s'impose en effet définitivement comme pièce centrale du vestiaire féminin dans les années 1960 et 1970 où, si l'on considère la France, le nombre des ventes de pantalons pour femme dépasse celui des ventes de jupes dès 1965 et approche celui de ventes de robes en 1971 (respectivement quatorze millions contre quinze millions).

Sans doute une mode unisexe, slogan de la fin des années 1960, est-elle restée un idéal à atteindre plus qu'une réalité concrète, dans la mesure où « aucune tenue vraiment androgyne n'a jamais existé pour hommes ou femmes adultes » (Kidwell, 1989 : 158). Mais, il faut bien admettre que, le pantalon étant devenu pour la femme un vêtement aussi habituel que pour l'homme, on puisse être fondé à prédire pour un avenir relativement proche une totale domination du système fermé sur les deux sexes, comme dans un lointain passé, celui de l'Antiquité, avait dominé sans partage le système ouvert.

Que l'annexion du vestiaire masculin par la femme soit la caractéristique principale des bouleversements vestimentaires apportés par les années 1960 et 1970 ne saurait être discuté, mais on peut toutefois apporter quelques nuances. Tout d'abord, parce que la mise à mal du dimorphisme sexuel autrefois régnant, si elle se fait majoritairement du masculin vers le féminin s'est opérée aussi dans l'autre sens. En dépit de quelques tentatives très limitées pour introduire des vêtements ouverts pour l'homme (comme les robes masculines de Jacques Esterel en 1970 ou, plus récemment, la jupe de Jean-Paul Gaultier), il faut bien reconnaître que l'adoption du système ouvert par les hommes n'est pas entrée dans les faits, mais, en revanche, bien des éléments autrefois exclusivement réservés aux vêtements de femme sont massivement passés dans ceux des hommes, en l'occurrence les couleurs (les couleurs vives), les matières (le satin ou la soie), les formes (les formes souples des vêtements féminins) ou encore les accessoires (les bijoux). Ensuite et surtout, parce que l'annexion du vestiaire masculin par la femme marque d'elle-même ses limites, dans la mesure où les années 1960, en même temps qu'elles introduisent massivement le pantalon pour la femme, introduisent aussi la minijupe, quintessence même, pourrait-on dire, du système ouvert, dont André Courrèges et Mary Quant, on le sait, se disputeront l'invention. Et il est même probable que cette décennie restera dans l'histoire de la mode comme celle de la minijupe, bien plus encore que celle du pantalon.

16 *Quel sens doit-on donner au pantalon pour la femme et… à la minijupe ?*

Le pantalon, qui s'impose définitivement comme pièce centrale du vestiaire féminin dans les années 1960-1970, consacre l'image d'une femme qui, en empruntant à l'homme son costume, empiète aussi sur ses prérogatives professionnelles et sociales. De l'évidence de cette relation de causalité, les débats autour des tentatives antérieures pour introduire le pantalon comme vêtement féminin sont les témoins.

Lorsqu'une Américaine du nom d'Amelia Bloomer tente de populariser, en 1851, en Grande-Bretagne, sous une jupe raccourcie jusqu'au genou, un pantalon garni de dentelles, elle provoque une terrible levée de boucliers. « Les hommes considérèrent cela comme un outrage à leurs prérogatives. *Punch*, célèbre revue satirique anglaise et porte-parole de la *middle-class*, publia plusieurs planches humoristiques illustrant les dangers de cette révolution et l'asservissement des mâles victoriens à leurs épouses "culottées" » (Laver, 1990 : 179), tandis que la reine Victoria elle-même « fit savoir que le pantalon de Mrs Bloomer était attentatoire à la sainteté des foyers britanniques, et susceptible de provoquer à la fois l'émancipation des femmes et la dégradation des hommes » (Toussaint-Samat, 1990 : 379). Quand, au tournant du siècle, le pantalon réapparaîtra, bicyclette oblige, ou que la tenue féminine se masculinisera avec le costume-tailleur, des voix, à peine moins vives, s'élèveront à nouveau pour suggérer, en stigmatisant comme Edith Sitwell « toutes ces femmes, vêtues d'un étrange et amorphe accoutrement masculin » (cité par Laver, 1990 : 210), les conséquences sociales néfastes d'une telle évolution vestimentaire.

D'un autre côté, les féministes ne manqueront pas d'insister sur l'importance du vêtement dans leur combat. Face à l'effritement du dimorphisme sexuel qu'opère un Paul Poiret, certaines d'entre elles militent pour une « absorption complète des caractères du vêtement masculin » et décident de cultiver une totale indifférenciation. De même, il est fort tentant de considérer le pantalon de coupe masculine qui n'apparaît vraiment pour les femmes que dans les années 1960 comme « une tentative pour affronter le sexe fort sur son propre terrain » (*ibid.* : 269).

Pour que le port du pantalon par la femme devienne ainsi l'enjeu d'une reconsidération des rôles sexuels, il fallait que l'on pressente plus ou moins confusément que, loin d'être neutre, il changerait les comportements et induirait de nouvelles manières d'être. Et de fait, à la femme contrainte, physiquement par de très encombrantes parures comme la crinoline, ou moralement par la décence, à un nombre de gestes très limité, il oppose une femme beaucoup plus libre de ses mouvements et potentiellement libre, par conséquent, de se livrer aux mêmes activités que les hommes et, au-delà, de se comporter comme eux dans tous les domaines de la vie sociale.

Si c'est donc très consciemment que le passage du système ouvert au système fermé marque la conquête par les femmes de prérogatives jusqu'alors masculines, c'est beaucoup moins consciemment que le raccourcissement des jupes qui, vers 1920, accompagne les premières tentatives d'introduction du pantalon et, dans les années 1960 avec la minijupe, son implantation définitive, marque en contrepartie le comble de la féminité, en posant la femme dans sa fonction sexuelle, comme principe du désir masculin. Cela, la réflexion de Mallarmé, auquel on demandait ce qu'il pensait du port du pantalon pour les femmes qui font de la bicyclette, n'était pas sans déjà l'esquisser : « Je ne suis devant votre question, comme devant les chevaucheuses de l'acier, qu'un passant qui se gare, mais si leur mobile est celui de montrer leurs jambes, je préfère que ce soit d'une jupe relevée, vertige féminin, pas du garçonnier pantalon, que l'éblouissement fonde, me renverse et me darde » (cité par Laver, 1990 : 206). Mais c'est, bien évidemment, le scandale que suscitera l'adoption de la minijupe qui le manifeste le mieux. Ce que, à un premier niveau, superficiel sans doute mais symbolique, la minijupe affiche, c'est le sexuel. En effet, par rapport à un temps où la sexualité était enfouie sous les robes, elle met en représentation une rupture en jouant l'érotisme dans un maximum de nudité et annonce le passage à une société où la sexualité désormais s'exhibera. À un second niveau, plus profond, elle encourage le désir en poussant la fonction de la mode jusqu'à ses fins dernières. C'est ce qu'un détour par la psychanalyse peut nous permettre de comprendre.

Au cours de la réflexion sur le fétichisme qu'il mène dans les années 1909-1910, Freud note que « l'expérience quotidienne nous démontre [...] tous les jours que la moitié de l'humanité peut être rangée parmi les fétichistes du vêtement. Je veux dire par là que toutes les femmes sont des fétichistes du vêtement. Le vêtement joue chez elles un rôle qui est resté (jusqu'ici) énigmatique. Il s'agit, à nouveau, du refoulement de la même pulsion qui se présente, cette fois, sous sa forme passive : se faire voir, pulsion qui est refoulée au moyen du vêtement. C'est la raison pour laquelle le vêtement est ensuite élevé au rang de fétiche. Nous comprenons alors pourquoi même les femmes les plus intelligentes se comportent sans défense face aux exigences de la mode » (cité par Rey-Flaud, 1995 : 139). Or ce que Freud livre ici, sans encore développer, c'est le rôle qui est imposé à la femme dans la dialectique du désir, celui « de se dévouer pour servir de support au désir d'un autre qui, lui, se trouve intéressé de façon active dans l'affaire » (Rey-Flaud, 1995 : 140). Et, dans cette dialectique, « le vêtement révèle alors qu'il est ce leurre de compromis qui, pièce à pièce, évoque ce qu'il refuse dans une partie où c'est le désir de l'Autre qui mène le jeu et où la femme n'engage rien d'autre que sa pudeur. La pudeur de la femme est en effet le corrélat du devoir qui lui est fait de susciter chez l'Autre la quête de ce point d'intimité dont la révélation impossible supporte et éternise son désir » (*ibid.*). La fonction de la mode, comme phénomène de culture, est par suite de permettre l'introduction métaphorique d'une féminité, inaccessible au langage, dans l'ordre de la représentation. « Par le truchement du vêtement, la mode confie à la femme le soin de susciter, en la cachant, telle ou telle partie du corps (que ce soit ses bras, ses épaules ou sa gorge) à qui se trouve dévolue la fonction de *représenter* le point *irreprésentable* de la féminité » (*ibid.* : 147). De cette fonction de la mode, on comprendra que la minijupe puisse apparaître comme particulièrement emblématique. En dévoilant les cuisses le plus largement possible, elle canalise le regard, plus que n'importe quelle autre pièce de vêtement qui déjà cache pour montrer, vers le sexe de la femme qu'elle continue tout à la fois à tenir voilé. Et, parce qu'elle évoque ainsi l'absence de ce qui est impossible à se représenter, elle fonde d'autant mieux le désir masculin qui « tout en "sachant bien" qu'il n'y à rien à voir ne peut s'empêcher "d'attendre quand même" » (*ibid.*). Ce faisant, elle épiphanise aussi la femme comme principe même du désir de l'homme et l'installe dans sa fonction, à proprement parler féminine, d'objet sexuel.

Que le pantalon pour la femme comme la minijupe se soient imposés durablement dans le paysage vestimentaire (la jupe longue fendue apparue dans les années 1970 et réintroduite éphémèrement depuis n'est jamais qu'une variation de la seconde), invite à penser que les représentations qu'ils inaugurent divisent la femme entre une fonction, sociale, de concurrente de l'homme et une fonction, sexuelle, d'objet de son désir.

17 *Existe-t-il encore des modes ou simplement des tendances ?*

Dans une interview au magazine *Elle* en 1972, Pierre Cardin déclarait : « Haute couture ou prêt-à-porter ? Pour moi, ces mots ne veulent plus rien dire. Création, j'espère » (cité par Grumbach, 1993 : 229). Dans une large mesure, il sera entendu. Depuis le début des années 1980 en effet, la distinction entre haute couture et prêt-à-porter s'est encore réduite pour se fondre dans ce qu'il est devenu d'usage d'appeler la création, « qui procède des deux sans être ni l'un ni l'autre », qui donne à la première « les moyens de son renouvellement » et au second « la totalité de son inspiration » (Soral, 1987 : 70), et qui offre l'élégance et le raffinement dans la finition que seule la haute couture proposait dans le passé tout en touchant, sinon les masses, en tout cas un public très élargi, et cela même si des présentations des collections de haute couture et de prêt-à-porter séparées persistent encore. D'un autre côté, cette création s'exerce sur un terrain dégagé des différenciations qui l'avaient divisé : celles entre les classes sociales, ou celles entre les sexes. Même la différenciation selon les âges qui les avait remplacées s'est peu à peu effacée, des vêtements propres aux jeunes dans les années 1960 et 1970, comme le jean, ayant été assez rapidement adoptés par les plus âgés.

On comprendra que, dans ce nouveau contexte, il ne puisse plus être vraiment question d'une mode unique dont la haute couture, même si elle avait enclenché elle-même une diversification esthétique, était la garante, mais d'une pluralité de modes qui obéissent à un ensemble de processus compliqués : la sensibilité propre des créateurs assurément, mais aussi les aspirations diverses venant de la rue et finissant par se constituer en autant de modes qui marquent l'appartenance à tel groupe ou à telle tribu. Le résultat, en tout cas, est celui « de la multiplication et la fragmentation des canons du paraître, de la juxtaposition des styles les plus hétéroclites » (Lipovetsky, 1987 : 146). Si, pour une même saison, peuvent coexister le moderne et le classique, le raffinement le plus extrême et le paupérisme absolu, les époques, les cultures les plus diverses, mais aussi les couleurs et les motifs les plus détonants, c'est même à l'intérieur de ses collections qu'un créateur se fait un devoir de sacrifier à toutes les formes – dans un sens large comme dans un sens plus étroit – dorénavant possibles : robe, jupe, pantalon; long, court, ample, moulant. Les magazines de mode en sont du reste des témoins privilégiés. Qu'un magazine comme *Vogue*, du moins dans sa version française, depuis le début des années 1990 renonce, dans sa couverture des collections à dégager leur improbable quintessence et préfère décliner toutes les options (mini, long, masculin, cuir, carré, ample, coloré, etc.), dit bien l'absence d'un modèle féminin dominant.

Sans doute peut-on considérer que cette multiplication et cette fragmentation de la mode sont significatives de l'épiphanie d'une civilisation du *look*, où « chacun est à présent considéré comme responsable de l'image qu'il donne de lui-même, y compris quand il choisit d'en rester à une expression dite "utilitaire" ou "passe-partout" » (Yonnet, 1985 : 360). Mais, plus qu'une réelle révolution, cette nouvelle direction de la mode ne relève jamais que de l'individualisme occidental qui avait présidé à sa naissance. Simplement pousse-t-elle désormais jusqu'au bout sa logique, qui est de singularisation et d'affirmation de soi. Au demeurant, si les modes actuelles sont propres à définir un look, elles peuvent aussi, à défaut de pouvoir imposer un modèle dominant, manifester un certain nombre de tendances, non immédiatement repérables assurément, mais latentes. Et on ne saurait s'étonner dès lors que se soient développés rapidement dans les professions de la mode, ou liées à la mode, des bureaux de tendances qui ont en charge précisément de les cerner, de les identifier et de les prévoir.

II
La mode et ses interprétations

18 *Quelle a été l'importance du dandysme dans la réflexion sur la mode ?*

La mode, en tant que concept et phénomène social, est une création occidentale ; elle est, en outre, intimement liée à l'avènement, exclusivement occidental lui aussi, de sociétés fondées sur l'individu, qui se substituent progressivement aux sociétés traditionnelles, fondées, elles, sur le groupe ou la société tout entière. Et, par conséquent, on l'a vu, elle ne s'impose vraiment, avec ses rituels et ses institutions, qu'au XIXe siècle. On ne saurait s'étonner que, très vite, ce phénomène nouveau puisse faire l'objet d'un discours qui cherche à en évaluer les caractéristiques essentielles et s'interroger sur son sens et sa fonction.

C'est peut-être par une réflexion qui s'articule à partir et autour d'un mouvement comme le dandysme, qui se donne comme une remise en cause des structures sur lesquelles se fonde le vêtement occidental, que ce discours, au premier chef, se développe. Du *Book of Fashion* (1835), le livre de George Brummell, premier et plus grand de tous les dandys, aux réflexions qui le prennent pour objet, fût-ce pour le décrier, les textes sur le dandysme sont nombreux. Et, des articles de Hazlitt, de Carlyle, et du traité de Balzac aux alentours de 1830 au *Book of Snobs* (1848) de Thackeray et aux pages que Baudelaire y consacre dans *Le Peintre de la vie moderne* (1863), en passant par l'essai célèbre de Jules Barbey d'Aurevilly, *Du dandysme et de George Brummell* (1845), ils esquissent déjà, chacun à leur manière, un discours interprétatif du phénomène de la mode.

The Book of Fashion, cet ouvrage dans lequel Brummell avait consigné ses idées dès 1821, mais qui, brièvement publié en 1835, restera en fait inédit pendant plus de cent ans, avant qu'Eleanor Parker ne l'édite en 1932 à New York, apparaît comme une théorie de l'élégance vestimentaire. Insistant sur l'harmonie des couleurs et sur les rapports du vêtement et de l'architecture, Brummell y traite en deux chapitres du costume féminin et du costume masculin. Pour ce dernier, il définit les deux principes qui en font l'élégance : le drapé, qui est nettement préférable au vêtement ajusté, et les justes proportions entre le haut et bas. Et il donne d'une manière générale toutes les recettes qui permettent au dandy de régner par le biais de l'élégance. William Hazlitt, dans un article de 1827, « The Dandy School », se moque des dandys en général dont Brummell est la plus belle incarnation, et, dans un article de la *London Weekly Review* en 1828, il considère ce dernier comme « le plus grand des petits esprits » et se moque de ses bons mots et de ses boutades. Carlyle a une vue à peine moins tranchée, puisque, dans « Caracteristics » en 1831, il voit en Brummell « la révélation d'une pauvreté spirituelle de la société mais aussi l'effort – pitoyable sans doute – de fabrication d'un idéal » (Coblence, 1988 : 175). Balzac, tout au contraire, en fait une référence absolue et s'appuie sur ses idées pour son *Traité de la vie élégante* de 1830. Les idées de Brummell sur l'élégance avaient en effet largement filtré et ses axiomes avaient pu inspirer plusieurs chapitres d'un magazine comme *La Mode.* Balzac les reprend. Il insiste sur les relations entre le vêtement et l'architecture et, dans les différents axiomes qu'il aligne, il emprunte à Brummell, outre l'affirmation que la vie élégante se lie fortement à la perfection de toute société humaine, deux des caractères fondamentaux du dandy : la nécessaire sobriété que permet l'habit noir sur du linge blanc et l'importance de ne pas se faire remarquer.

Barbey d'Aurevilly, qui a pu reprocher à Balzac « de n'avoir vu dans les dandys que des mannequins et des têteurs de canne, de n'avoir pas comme son contemporain Stendhal, compris la profondeur du dandysme et la fascination qu'il exerce » (Fortassier, 1988 : 79), ira de fait bien plus loin. À l'inverse d'un Thackeray qui ne trouve dans les dandys que des snobs sans beaucoup d'intérêt, il considère, lui, dans son essai de 1843, *Du dandysme et de George Brummell*, que l'importance accordée au vêtement qui les caractérise révèle une révolte bien plus grande qu'il n'y paraît. Non que le vêtement révèle en lui-même une profondeur insoupçonnée, mais c'est l'intérêt que le dandy y porte et la manière dont il le porte qui sont les signes de cette révolte. Il ne manquera pas de signaler, puisque le dandy rivalise alors avec la femme, mais sans mettre explicitement la relation en évidence, la nature quelque peu androgyne de sa position : « Natures doubles et multiples, d'un sexe intellectuel indécis, où la grâce est plus grâce encore dans la force, et où la force se retrouve encore dans la grâce, Androgynes de l'histoire, non plus de la fable et dont Alcibiade fut le plus beau type, chez la plus belle des nations » (Barbey d'Aurevilly, 1964 : 718). Par ailleurs, et, au-delà même de la question vestimentaire, il rappelle la provocation qui est le propre du dandy, que celle-ci soit liée à son indifférence et à son impavidité ou au contraire à son souci affiché de déplaire. Quand il s'attarde sur Brummell, il souligne qu'il « aimait mieux étonner que plaire » (*ibid.* : 715) et que l'impertinence doit s'allier ici, en l'occurrence, à la grâce : « sans l'Impertinence, la Grâce ne ressemblerait-elle pas à une blonde trop fade, et sans la Grâce, l'Impertinence ne serait-elle pas une brune trop piquante ? » (*ibid.* : 716)

C'est cette révolte que Baudelaire soulignera à son tour en réfléchissant sur le dandysme une vingtaine d'années plus tard. Dans les pages qu'il consacre au dandy dans *Le Peintre de la vie moderne*, il s'emploie à décrire ce qui se dissimule derrière l'image stéréotypée d'un homme à la mise élégante : « Le dandysme n'est même pas, comme beaucoup de personnes peu réfléchies paraissent le croire, un goût immodéré de la toilette et de l'élégance matérielle. Ces choses ne sont pour le parfait dandy qu'un symbole de la supériorité aristocratique de son esprit » (Baudelaire, 1975 : 1178). Il insiste lui aussi sur la « simplicité absolue » de sa toilette qui est « la meilleure façon de se distinguer », sur « le plaisir d'étonner et la satisfaction orgueilleuse de ne jamais être étonné » (*ibid.*) et, s'il est souffrant, sur la nécessité de ne jamais le laisser voir. Ce dandysme qui « confine au spiritualisme et au stoïcisme » (*ibid.*), Baudelaire le considère par conséquent comme une rebellion fondamentale : « Que ces hommes se fassent nommer raffinés, incroyables, beaux, lions ou dandies, tous sont issus d'une même origine ; tous participent du même caractère d'opposition et de révolte » (*ibid.* : 1179). Il lui donne sociologiquement comme condition de naissance « les époques transitoires où la démocratie n'est pas encore toute-puissante, où l'aristocratie n'est que partiellement chancelante et avilie » (*ibid.*) et il considère logiquement que si les dandys sont alors en voie de disparition en France, « en Angleterre, l'état social et la constitution (la vraie constitution, celle qui s'exprime par les mœurs) laisseront longtemps encore une place aux héritiers de Sheridan, de Brummell et de Byron, si toutefois il s'en présente qui en soient dignes » (*ibid.*).

19 *Les écrivains du XIXe siècle, premiers sociologues de la mode ?*

La réflexion sur le dandysme, ce qu'il engage et ce qu'il signifie, se présente déjà indirectement chez plusieurs auteurs, on le voit, comme une interprétation des fonctions sociales du vêtement. Mais les mêmes auteurs, avec quelques autres, proposent aussi une appréhension plus générale de la mode. Souvent écrivains et journalistes collaborant aux magazines de mode qui naissent à l'époque, ils ne sont pas sans esquisser, alors même que la sociologie ne s'est pas encore constituée en discipline autonome, quelques-unes des grandes lignes d'une sociologie de la mode.

Au-delà d'une conception de l'élégance, c'est déjà une vision sociologique de la mode que Balzac développe. Non seulement, avec son *Traité de la vie élégante,* il écrit cette philosophie du vêtement que, trois années plus tard, en Angleterre, Thomas Carlyle tentera de son côté de mettre en place dans *Sartor Resartus,* en faisant du vêtement la manifestation visible d'un être invisible (sans vraiment y parvenir, tant il sera contraint à des dérives diverses), mais il prend bien soin de situer sa conception de l'élégance dans la réalité sociale. Balzac considère que l'élégance tire son origine de la désintégration de l'Ancien Régime qui ne connaissait que le luxe. De fait, le démantèlement des structures sociales anciennes auquel a procédé la Révolution (la vente des biens nationaux, la suppression du droit d'aînesse, la division des fortunes) a eu pour effet de remettre en question les grands projets, l'art monumental, auxquels a succédé l'élégance, « luxe de simplicité », qui ne relève plus de l'exceptionnel mais du quotidien, de la collectivité mais de l'individu. Si l'on s'attarde sur le vêtement – et le vêtement masculin en particulier –, il n'a échappé aux cloisonnements des ordres de l'Ancien Régime que pour sombrer dans l'uniformisation, d'où la nécessité de l'élégance pour restituer les différences nécessaires. Les fonctions du vêtement recouvrent dès lors des différenciations socioculturelles, puisque, écrit Balzac dans un de ses axiomes, « La brute se couvre, le riche ou le sot se pare, l'homme élégant s'habille » (Balzac, 1966 : 579). Par suite, on comprendra que la mode, qui ne peut encore concerner qu'une classe oisive, soit essentielle dans la volonté de se distinguer. Ses implications sont en outre économiques tout autant que psychologiques ou morales, et parce qu'elle crée des besoins, et qu'elle signifie donc la circulation de l'argent et une forme de dynamisme social, Balzac ne peut que lui être très favorable.

Le *Traité* de Balzac a pu inspirer plusieurs traités de l'élégance comme ceux d'Étienne Chapuis ou de Mortemart-Boisse, mais la plupart d'entre eux restent de simples manuels sur la manière de bien s'habiller et aucun ne s'élargit en une visée sociologique plus large. Et si l'on doit chercher un prolongement aux réflexions balzaciennes sur la mode ou de nouvelles perspectives, c'est de nouveau du côté de Barbey d'Aurevilly et de Baudelaire qu'il faut se tourner, auxquels il importe d'ajouter toutefois Théophile Gautier et, à la fin du siècle, en Angleterre, Oscar Wilde.

Barbey d'Aurevilly, qui considérait le traité de Balzac comme « *L'Esprit des lois* de la vie élégante », quand il réfléchit sur l'élégance dans son essai sur le dandysme, est amené à la placer au-dessus de la grâce mais en dessous de la beauté et à s'interroger sur ce qui, en elle, relève de la convention sociale et ce qui est un absolu en soi. Ce faisant, il n'est pas sans pressentir la part de conformisme et la part de volonté de distinction qui sont indéfectiblement liées dans la mode. C'est, au demeurant, cette seconde part que Gautier, dans son court essai de 1857, *De la mode*, cherchera plus particulièrement à définir. Partant d'une réflexion d'ordre anthropologique qui fait du vêtement la particularité de l'être humain d'une part, et regrettant d'un point de vue esthétique que le nu, « qui était *naturel* sous le climat divin de la Grèce » et qui a produit les grands artistes de l'Antiquité et de la Renaissance, soit devenu une convention artistique d'autre part, il lui semble possible de retrouver dans l'habit, « cette visible forme de l'homme », le sens esthétique qui était celui du nu. Et il attribue par suite à la mode, et cela quelle qu'elle soit, cette fonction de distinction qui, chez l'homme et sur le modèle du dandy, échappant aux ors, aux broderies, aux tons voyants, au théâtral, se manifestera dans « la finesse du drap, la perfection de la coupe, le fini de la façon et surtout le bien-porté ».

Baudelaire, dans *Le Peintre de la vie moderne*, apporte une autre perspective encore, plus large. S'il reprend des oppositions et des idées qui ne sont pas si éloignées de celles de Barbey et de Gautier, c'est sur un tout autre registre. En réfléchissant sur la beauté, il en vient à la conclusion qu'elle procède « d'un élément éternel, invariable, dont la quantité est excessivement difficile à déterminer, et d'un élément relatif, circonstanciel, qui sera, si l'on veut, tour à tour ou tout ensemble, l'époque, la mode, la morale, la passion » (Baudelaire, 1975 : 1160). Mais de ces deux éléments, l'élément stable et l'élément transitoire, c'est l'élément transitoire, la mode donc, qui lui semble le plus important : car en supprimant le transitoire, nous tomberions « dans le vide d'une beauté abstraite et indéfinissable ». Parallèlement à ce rôle essentiel attribué au transitoire et à l'éphémère qu'est la mode, Baudelaire fait l'éloge de l'artifice, et l'on sait qu'il estime que la femme, qui « est naturelle, c'est-à-dire abominable » (Baudelaire, 1975 : 1199), « doit se dorer pour être adorée » et « emprunter à tous les arts les moyens de s'élever au-dessus de la nature pour mieux subjuguer et frapper les esprits » (Baudelaire, 1975 : 1183). La mode, qu'il faut entendre dans un sens légèrement plus large que celui de mode vestimentaire, est incontestablement parmi ces arts le plus important. Et dès lors, elle doit « être considérée comme un symptôme du goût de l'idéal surnageant dans le cerveau humain au-dessus de tout ce que la vie naturelle y accumule de terrestre et d'immonde » (Baudelaire, 1975 : 1183).

La réflexion de quelques grands auteurs du XIXe siècle sur le phénomène de la mode dont ils peuvent observer l'installation et le développement, quand bien même elle serait encore fragmentaire, propose bien des pistes intéressantes. Et l'on pourrait penser qu'elle aurait ouvert la voie au rapide développement d'une sociologie de la mode. Pourtant, tel ne fut pas vraiment le cas.

20 *La mode est-elle imitation ?*

À la fin du XIXe siècle, quand la sociologie se constitue à proprement parler en discipline autonome, elle ne s'intéresse pas en priorité à la mode vestimentaire, mais s'attarde en revanche sur les modes en général. Ainsi, Gabriel de Tarde, un des fondateurs français de la discipline – jusqu'à une date récente très occulté –, avec Émile Durkheim, développe une sociologie de l'imitation-mode qui ne laisse pas d'être éclairante pour la mode vestimentaire qui nous intéresse plus particulièrement.

Si l'école de Durkheim, soucieuse d'affirmer la spécificité de la sociologie, a développé l'idée que la société est un ensemble organique ayant une vie propre indépendamment des individus qui la constituent, en revanche Tarde, que l'on désigne parfois comme l'ancêtre de la psychologie sociale, ne souscrit pas à cette conception. Il considère que la société n'est jamais qu'une addition et une association d'individus et que, quand on cherche à dire ce qui la définit, on ne doit que retenir l'imitation.

Dans *Les Lois de l'imitation* (1890), il place l'imitation au principe même de toute activité humaine et conçoit la société comme un ensemble d'individus qui s'imitent entre eux : « une collection d'êtres en tant qu'ils sont en train de s'imiter entre eux ou en tant que, sans s'imiter actuellement, ils se ressemblent et que leurs traits communs sont des copies anciennes d'un même modèle » (Tarde, 1993 : 73). Il tente ensuite d'en interpréter les mécanismes. Quand il en vient, après avoir considéré ce qu'il appelle « les lois logiques de l'imitation », à analyser ses « influences extra-logiques », il insiste tout d'abord sur le fait que ce sont « les classes inférieures des sociétés » qui « copient les classes supérieures en fait de vêtements, de manières, de langage, de vices, etc. » (*ibid.* : 235), puis il remarque qu'« il n'est pas jusqu'au progrès dans l'égalité qui ne se soit opéré par imitation, et par imitation des classes supérieures » (*ibid.* : 250). À un niveau plus particulier, c'est « l'individu *jugé* supérieur » qui « est copié en tout, et il semble ne copier personne au-dessous de lui, ce qui est vrai, à peu de chose près » (*ibid.* : 252). Cet individu jugé supérieur, d'une manière générale ou dans un domaine spécial selon les types de sociétés considérées, est toujours copié par les autres d'une manière générale ou dans le domaine en question. Et Tarde estime que, dans les sociétés contemporaines, « il n'y a plus d'homme que l'on imite en tout; et celui que l'on imite le plus est lui-même imitateur à certains égards de quelques-uns de ses copistes ». L'imitation, de la sorte, s'est donc « mutualisée et spécialisée en se généralisant » (*ibid.* : 252).

Cette imitation-mode s'applique à l'évidence, et peut-être en priorité, à l'habillement qui, plus que tout autre secteur, relève de ces « besoins de luxe » qui, estime Tarde, l'emportent toujours sur « les besoins primitifs » (*ibid.* : 213). Tarde n'est pas sans donner quelques exemples, épars tout au long de son ouvrage, de cet apparent paradoxe. Mais c'est à un autre auteur qu'il reviendra de le mettre plus particulièrement en valeur, sans qu'il se place par ailleurs dans la descendance manifeste du sociologue français.

21 *La mode est-elle liée à une classe de loisir ?*

Dans le chapitre de sa célèbre *Théorie de la classe de loisir* (1899) qu'il consacre au vêtement et à la mode, « L'habillement, expression de la culture pécuniaire », l'économiste américain Thorstein Veblen considère en effet d'une part que « la dépense qu'il est convenu de consacrer à l'étalage est plus indiscutablement présente, et peut-être plus universellement pratiquée dans le domaine de l'habillement que dans tout autre secteur de la consommation » (Veblen, 1970 : 110), et d'autre part que, dans le vêtement moderne, la parure l'emporte largement sur « le souci de couvrir le corps » (*ibid.*). Il définit par suite le besoin de s'habiller comme un besoin « supérieur », et donc comme un besoin de nature spirituelle.

À partir de ces prémisses, il est amené à développer la loi qui gouverne l'usage des vêtements, fût-ce indirectement : celle du « gaspillage ostentatoire ». Il souligne que si « dans la plupart des cas, le motif conscient d'un homme qui se vêt ou fait l'emplette d'un vêtement ostensiblement coûteux, c'est le besoin de se conformer honorablement à l'usage établi et au modèle du goût », il s'agit aussi « d'obéir aux exigences de la cherté, car elles imprègnent si bien nos idées en matière d'habillement que d'instinct nous trouvons tout accoutrement odieux qui n'a pas coûté un bon prix » (*ibid.* : 111). Dès lors, en matière de vêtement plus qu'ailleurs, « bon marché » signifie « mauvaise qualité », et quand bien même une contrefaçon serait presque parfaite par « la forme, la couleur ou l'effet visuel », dès qu'elle est révélée « sa valeur esthétique tombe sur-le-champ » (*ibid.*). Veblen en arrive donc à définir tout d'abord la fonction de l'habillement comme le témoignage « d'une capacité de paiement » (*ibid.* : 112). Mais il trouve vite au vêtement d'autres sens encore, plus larges. « Si l'on peut montrer, explique-t-il, non seulement que l'on peut se permettre de consommer à volonté et sans compter, mais en outre et du même coup, que l'on n'a pas besoin de travailler pour vivre, on administre une preuve beaucoup plus convaincante de sa dignité sociale » (*ibid.*). Et l'on peut comprendre désormais que « la tenue élégante fait son effet non seulement parce qu'elle coûte cher, mais aussi parce qu'elle est l'attribut du loisir. Elle signifie que le porteur peut consommer une richesse relativement élevée, mais elle démontre en même temps qu'il la consomme sans produire » (*ibid.*).

De l'idée que le vêtement serait un des emblèmes identificateurs de la classe de loisir, la toilette féminine témoigne encore mieux. Et Veblen de s'attarder longuement sur toutes les pièces de vêtement féminin qui entravent les mouvements de la femme et lui rendent impossible toute forme de travail : les grands chapeaux des élégantes et les talons hauts, les larges jupes qui gênent les déplacements, ou encore le corset « qui n'est autre chose qu'une mutilation, destinée à ôter de la vitalité au sujet, à le rendre en permanence et de toute évidence inapte au travail » (*ibid.* : 113). Avant de résumer en disant que « la toilette féminine force plus nettement et plus évidemment sur les détails qui certifient l'exemption du travail vulgairement productif ou l'incapacité de s'y livrer » (*ibid.* : 117-118). Après s'être attardé sur la condition économique de la femme et les origines de cette condition, il conclut toutefois que « la raison toute simple de cet affichage de loisir et de toilette, c'est que les femmes sont des servantes à qui, dans la différenciation des fonctions économiques, leur maître a donné commission de faire bien remarquer qu'il peut payer » (*ibid.* : 119).

Aux deux grands principes sur lesquels reposent nos relations au vêtement, le gaspillage ostentatoire et le loisir ostentatoire,

Veblen en ajoute un troisième : « ce n'est pas assez que l'habillement coûte visiblement cher et soit visiblement mal commode : il doit encore être au goût du jour » (*ibid.* : 113). Et il s'emploie alors, si ce n'est à dresser la théorie de ce flux et reflux perpétuel qu'est la mode vestimentaire, ce que tentera A. L. Kroeber deux décennies plus tard, du moins à tenter d'en expliquer les variations. Il lui semble que l'explication est à rechercher dans la loi de gaspillage ostentatoire elle-même : « du moment que chaque vêtement est toléré pour un bref espace de temps, que l'on n'en prolonge pas l'usage, que l'on ne remet pas cette saison-ci la tenue de la saison dernière, il est hors de doute que la dépense ostensible augmente fortement » (*ibid.* : 114). Mais cette explication ne permet pas de comprendre pourquoi une mode vestimentaire en vogue à tel moment se trouve remplacée par une autre sans que l'on trouve rien à redire à ce changement, ni pourquoi « il nous est si impérieusement nécessaire de suivre telle mode à tel moment » (*ibid.* : 114). Veblen cherche dans un premier temps à répondre à ces questions en invoquant un critère esthétique : « chaque innovation de la mode est un effort pour atteindre à une forme d'étalage qui soit plus que la précédente agréable à notre sens de la forme, de la couleur, de l'utilité pratique » (*ibid.*). Il doit vite constater toutefois que non seulement il est bien difficile de dire que, dans nos civilisations modernes, la mode vestimentaire d'une décennie est plus belle que celle de la décennie immédiatement antérieure, mais qu'on peut même affirmer qu'« il y a deux mille ans, les vêtements étaient plus à l'avantage des hommes et des femmes que les ouvrages si compliqués et laborieux de notre époque » (*ibid.* : 115). Aussi en vient-il à considérer qu'« en pratique le gaspillage ostensible ne peut s'accorder avec notre souci d'un vêtement qui soit beau et à notre convenance » (*ibid.* : 116), et c'est dans ce conflit même entre loi de cherté et canon de beauté qu'il trouve l'explication du changement incessant qui caractérise la mode vestimentaire depuis un siècle au moins. Et, après avoir discuté les termes de ce conflit, il en arrive à la conclusion et au pronostic suivants : « plus la société, disons surtout les classes riches de la société, accroissent leur richesse, gagnent en mobilité, étendent le cercle de leurs contacts humains, et plus la loi du gaspillage ostentatoire parlera en despote sur les questions d'habillement; alors, plus la règle d'honorabilité pécuniaire poussera le sens de la beauté vers sa désuétude, ou lui passera sur le corps ; plus vite les modes changeront et passeront ; et plus grotesques et insupportables seront les styles divers qui feront tour à tour sensation » (*ibid.* : 117).

22 *La mode est-elle distinction ?*

Le concept d'imitation dont Gabriel de Tarde avait fait le principe même d'explication de l'évolution générale des sociétés, Georg Simmel le reprend à son compte et, s'il ne lui donne pas une extension aussi large, en revanche il l'applique plus particulièrement, si ce n'est exclusivement, à la mode dans son essai « La mode » de 1895. Il explique tout d'abord qu'« en imitant, nous renvoyons à autrui l'exigence d'énergie productive, mais en même temps aussi la responsabilité de ce qui se fait ; l'imitation délivre donc l'individu des affres du choix, le signale comme la créature d'un groupe, comme le réceptacle de contenus sociaux » (Simmel, 1995 : 91), et il affirme que l'imitation répond « à *l'une* des tendances fondamentales de notre être, celle qui pousse à fonder la singularité dans la généralité, accentuant la stabilité dans le changement » (*ibid.*). Quand il analyse son rôle dans la mode, il lui associe en outre le concept de distinction. De fait, si la mode est « imitation d'un modèle donné » et « satisfait un besoin d'appui social » en menant « l'individu dans la voie suivie par tous », « elle satisfait tout autant le besoin de distinction, la tendance à la différenciation, à la variété, à la démarcation » (*ibid.* : 92).

La mode parvient à cette distinction, considère Simmel, de deux façons différentes, d'une part grâce au « changement des contenus qui imprime à la mode d'aujourd'hui sa marque individuelle par rapport à celle d'hier et de demain », et d'autre part « grâce au fait que les modes sont toujours des modes de classe, que celles de la couche supérieure se distinguent de celles de la couche inférieure et se voient abandonnées par la première dès que la seconde commence à se les approprier » (*ibid.*). La propension à la distinction fonctionne donc dans une relation dialectique avec l'imitation. La mode étant le « produit de la division en classes » (*ibid.* : 93), cette dialectique veut que les classes inférieures « dirigent naturellement leurs regards et leurs efforts vers le haut », qu'elles imitent la mode des classes supérieures et que ces dernières, pour se distinguer, soient obligées d'en créer une nouvelle. Au demeurant, un processus semblable se retrouve à l'intérieur même des multiples couches des classes supérieures, si bien que « plus ces milieux sont proches les uns des autres, et plus deviennent folles en bas la course à l'imitation, en haut la fuite vers la nouveauté » (*ibid.* : 96). Et l'on peut dès lors comprendre pourquoi les « classes supérieures sont le véritable siège de la mode » (*ibid.* : 99).

Georg Simmel en vient à définir l'essence de la mode « en ce que, à chaque fois, une fraction seulement du groupe la pratique, l'ensemble ne faisant que chercher à la rejoindre » (*ibid.* : 100) et classe, par suite, la mode dans « ce type de phénomène qui, dans l'intention, vise une diffusion toujours plus étendue, une réalisation toujours plus complète – mais qui se contredirait et s'anéantirait en parvenant à ce but absolu » (*ibid.* : 101). Ces définitions qui découlent des concepts d'imitation et de distinction lui permettent désormais de procéder à un certain nombre de constatations qui achèvent de cerner le phénomène de la mode. Il remarque tout d'abord que la mode est à l'évidence « le lieu d'élection où s'ébattent les individus privés d'autonomie intérieure qui ont besoin d'appui, mais dont l'amour-propre exige en même temps qu'on les distingue quelque peu, qu'on leur prête attention et qu'on les traite à part » (*ibid.* : 105). Le fait que la mode soit à la fois « instinct d'égalisation et d'individualisation », « attrait de l'imitation et de la distinction » (*ibid.* : 108) lui semble en outre pouvoir expliquer pourquoi elle concerne les femmes au premier chef : parce que les femmes se trouvent par la faiblesse de leur position sociale sur le terrain « des mœurs, de la moyenne, du niveau général » (*ibid.* : 109). Quand elles cherchent à s'individualiser et à se distinguer, elles trouvent dans la mode ce vecteur privilégié qui combine « les plus larges courants de la société » et « une ornementation individuelle » (*ibid.*). C'est toujours dans la même perspective qu'il attribue la création d'une nouvelle mode à ce qu'il appelle le demi-monde car « l'existence de paria que la société lui assigne suscite en son sein une haine ouverte ou latente contre tout ce qui est solidement établi » (*ibid.* : 112) et, par conséquent, cette haine trouve son expression privilégiée dans le renouvellement des « formes du paraître » (*ibid.*). Il explique aussi par cette dialectique entre imitation et distinction le sentiment de pudeur : « dès que l'aspect individuel de la situation l'emporte sur l'aspect social dicté par la mode, le sentiment de pudeur se met à opérer : de nombreuses femmes seraient gênées de se présenter devant un seul visiteur, dans leur salle de séjour, avec un aussi vaste décolleté qu'en société, où par définition domine la mode » (*ibid.* : 115). Il considère, enfin, que la mode « n'est aussi qu'une des formes à travers lesquelles les hommes, en abandonnant l'extérieur à l'asservissement collectif, cherchent à sauver d'autant mieux leur liberté intérieure » (*ibid.*), la conciliation d'obligation et de liberté se retrouvant de toutes les façons presque automatiquement « à chaque époque, dans chaque classe et dans chaque individu » (*ibid.* : 116).

Du fait du progrès économique des classes populaires qu'il observe à la fin du XIXe siècle, en particulier dans les grandes métropoles, Simmel considère que le processus d'imitation et de distinction dont il a décrit les caractéristiques les plus notables a pris désormais « une amplitude et une vivacité jadis insoupçonnées » (*ibid.* : 121). Les conséquences économiques sont importantes, car les prix sont tirés vers le bas, ce qui en retour amplifie encore le mouvement : « plus la mode change vite et plus le prix des choses doit baisser; plus le prix des choses baisse, plus il engage les consommateurs et contraint les producteurs à changer vite de mode » (*ibid.* : 121-122). Et, dès lors, la mode apparaît certes comme « une formation particulière, fortement caractérisée, parmi toutes celles où les finalités sociales autant qu'individuelles ont objectivé les courants opposés de la vie en leur attribuant les mêmes droits » (*ibid.* : 126-127), mais aussi comme un phénomène social majeur qui ne peut qu'attirer l'attention du sociologue.

23 *Quelle est la place de la mode dans la culture en général ?*

L'idée que la mode est imitation ou distinction ou les deux à la fois s'est imposée durant la première moitié du XXe siècle dans bien des ouvrages à caractère général comme à caractère plus scientifique. Un anthropologue comme A. L. Kroeber, dans les différentes études qu'il lui consacre, lui donnera plutôt pour caractéristique principale le changement, alors que Herbert Spencer, dans *Principles of Sociology* en 1902 mettra en valeur le conformisme qu'elle représente, et que Ferdinand Tönnies en 1908 opposera le *Tracht* (le costume régional), significatif de la *Gemeinschaft* (la communauté) à la *Mode,* propre à la *Gesellschaft* (société). Il reste qu'une réelle sociologie de la mode a toutefois peiné à se développer. Sans doute pourrait-on considérer que l'explosion d'un prêt-à-porter de masse dans les années 1960 était assurément de nature à confirmer les réflexions de Georg Simmel et à renforcer plus particulièrement l'attention sur la mode vestimentaire. Pourtant, si la mode acquiert sa place dans l'observation sociologique, c'est le plus souvent à l'intérieur d'un cadre plus large, celui de la sociologie de la culture.

C'est dans ce cadre qu'il faut placer les recherches menées par Pierre Bourdieu et Paul Yonnet dans les années 1970 et 1980. L'un et l'autre intègrent en effet la mode dans un ensemble de pratiques culturelles beaucoup plus vaste. Le premier la convoque dans *La Distinction* (1979), à côté de la cuisine et du sport, pour définir l'habitus et l'espace des styles de vie, tandis que le second lui accorde une place apparemment plus privilégiée et plus indépendante, dans *Jeux, modes et masses* (1985), mais malgré tout en relation avec d'autres pratiques comme les sports de compétition, les paris, le jogging, la zoophilie, l'automobile et la musique rock.

À l'analyse des enquêtes réalisées dans différentes classes sociales par P. Bourdieu, on voit bien apparaître bien une homologie des espaces, puisque, de même que les classes populaires rangent la nourriture du côté de la substance alors que la bourgeoisie « y introduit déjà les catégories de la forme » (Bourdieu, 1979 : 222), de même les premières font un usage réaliste du vêtement, tandis que, dans les classes moyennes, « surgit le souci du paraître » qui « est l'indice d'un renversement de toute la vision du monde » (*ibid.* : 223). D'autres grandes oppositions constatées en matière de cuisine entre les classes sociales se retrouvent en matière d'habillement. Ainsi, chez les hommes, la coupure passe entre les ouvriers et les employés par l'opposition entre le bleu et la blouse, les mocassins et les chaussures de ville, entre les cadres supérieurs et les autres catégories socioprofessionnelles par l'opposition entre le complet et le bleu ou entre le manteau et la canadienne. Chez les femmes, les oppositions, plutôt que par un vêtement particulier, se marquent par le nombre et la valeur des achats consacrés au vêtement, qui l'un et l'autre augmentent à mesure que l'on monte dans la hiérarchie sociale. À l'inverse de Bourdieu qui place cuisine et mode sur un même pied, Yonnet admet la nécessité d'accorder un traitement particulier au phénomène vestimentaire, du fait de sa spécificité. En effet, il met en avant que « si on peut ignorer les règles du hors-jeu, la liste des partants du tiercé, ne pas savoir conduire, écouter France-Musique du matin au soir, ne jamais aller voir s'ébrouer un peloton de marathoniens, n'être le maître d'aucun animal familier, nul n'échappe à la pratique vestimentaire » (Yonnet, 1985 : 297); que, de plus, « aucune pratique vestimentaire n'échappe plus aux variations de la mode » et « la vêture de toutes les classes sociales, de tous les âges est entrée dans le cycle des modes » ; et que le vêtement est le seul avec la musique rock à ne pas présenter une histoire linéaire, mais « intègre trois types de temporalité : 1) des cycles courts, d'apparence parfois éphémère [...] 2) des cycles moyens (quelques années), tendances durables réglant les modalités d'un usage [...] 3) des cycles beaucoup plus longs, qui font figure d'acquisition culturelle "définitive" » (*ibid.* : 298).

24 *Quelle est la signification culturelle de la mode ?*

Bourdieu comme Yonnet font de la mode un des champs d'observation parmi d'autres de la sociologie de la culture. S'ils ne lui accordent pas une valeur propre et une signification particulière, ils ne sont pas, par ailleurs, sans lui trouver l'un et l'autre un sens social. Le premier en établissant une relation entre les rapports de production et les rapports symboliques, le second en voyant dans la mode un élément important des mutations sociales contemporaines.

S'inscrivant dans une vision marxisante qui privilégie la base économique, Bourdieu reprend, dans une section de *La Distinction*, « L'effet des homologies », les conclusions de l'étude qu'il avait publiée quelques années plus tôt avec Delsaut (Bourdieu et Delsaut, 1975) et considère que la mode est « un exemple à peu près parfait de la rencontre entre deux espaces et deux histoires relativement autonomes : les transformations incessantes de la mode sont le produit de l'orchestration objective entre, d'une part, la logique des luttes internes au champ de production qui s'organisent selon l'opposition de l'ancien et du nouveau, elle-même liée, par l'intermédiaire de l'opposition entre le cher et le (relativement) bon marché et entre le classique et le pratique [...] à l'opposition entre le vieux et le jeune [...] et d'autre part, la logique des luttes internes au champ de la classe dominante qui [...] opposent les fractions dominantes et les fractions dominées ou, plus exactement, les tenants et les prétendants » (Bourdieu, 1979 : 259). Les couturiers eux-mêmes et leur clientèle, par suite, sont les illustrations de cette rencontre. Alors les couturiers « qui occupent une position dominante dans le champ de la mode » sont « ajustés aux demandes de la bourgeoisie ancienne », les jeunes couturiers « qui tentent d'imposer leurs conceptions subversives sont les "alliés objectifs" des jeunes des fractions dominantes et des fractions nouvelles de la bourgeoisie qui trouvent dans les révolutions symboliques dont les audaces vestimentaires et cosmétiques sont le paradigme le terrain rêvé pour affirmer l'ambivalence de leur relation de "parents pauvres" aux grandeurs temporelles » (*ibid.* : 259). Au niveau des luttes symboliques, Bourdieu retrouve, par l'intermédiaire du champ de la mode et d'autres champs associés, les oppositions constatées dans les rapports de production. Ainsi, il remarque que « là où les classes populaires, réduites aux biens et aux vertus "de première nécessité" revendiquent la propreté et la commodité, les classes moyennes, déjà plus affranchies de l'urgence, souhaitent un intérieur chaud, intime, confortable ou soigné, ou un vêtement à la mode et original. Valeurs que les classes privilégiées relèguent au second plan, parce qu'elles leur sont acquises depuis longtemps et leur paraissent donc aller de soi » (*ibid.* : 274-275). Et P. Bourdieu de conclure que « le souci de paraître des classes moyennes [...] est au principe de leur prétention, disposition permanente à cette sorte de bluff ou d'usurpation d'identité sociale qui consiste à devancer l'être par le paraître, à s'approprier les apparences pour avoir la réalité, le nominal pour avoir le réel, à essayer de modifier les positions dans les classements objectifs en modifiant la représentation des rangs dans le classement ou des principes de classement » (*ibid.* : 283).

Yonnet s'inscrit pour sa part en faux contre cette idée et voit dans le vêtement contemporain, non plus « cette apparence sociale où Bourdieu avait cru reconnaître [...] le culte du faux propre aux petits bourgeois » (Yonnet, 1985 : 360-361), mais un stade où le paraître avoue l'être (*ibid.* : 361), et estime que l'on est entré désormais dans l'ère du look qui individualise l'usage du vêtement. Et si, comme Bourdieu, il ne donne pas à la mode une autonomie par rapport au social, il ne voit pas en revanche en elle une homologie structurelle avec les rapports de production, mais bien plutôt, et pour le moins, un puissant accompagnateur dans un certain nombre de changements sociaux, rôle qu'elle partage avec la musique rock par exemple. Dans les années 1960, on le sait, le dimorphisme sexuel sur lequel reposait le vêtement occidental et qui avait subi déjà quelques attaques depuis le début du XXe siècle est décisivement remis en question. Cette remise en question qui fait suite à l'effacement des dernières différentiations sociales du vêtement s'accompagne de l'instauration d'un dimorphisme par âge. Or ces importantes révolutions vestimentaires, dans lesquelles le rock'n roll américain a joué un rôle majeur, sont aussi des révolutions sociales importantes car, comme le remarque Yonnet, « tout se déroule comme si l'on passait d'un ordre à un autre par absorption, engloutissement, transmutation et résurgence. De fond en comble, les mécanismes, l'économie, les professions, les codes en ressortent modifiés » (*ibid.* : 350). La mode est, en particulier, le lieu où se manifeste jusqu'à la provocation l'apparition d'une nouvelle catégorie sociale : la jeunesse. Car, quand bien même on considérerait le mouvement hippy des années 1960 et 1970 comme un mouvement antimode – il représente plutôt une crise de la mode –, c'est en tout cas sur une nouvelle mode qu'il débouche. Et cette mode dont s'empare la jeunesse et, à sa suite, certains professionnels, a pour fonction principale de la distinguer des personnes plus âgées, fort logiquement du reste, car « de même que l'idée de jeu redouble l'idée de loisir, de même, l'idée de jeunesse – rajeunissement, renouvellement – est intérieure à l'idée de mode » (*ibid.* : 353-354). Et, dès lors, il importe très peu que ce soit par des vêtements près du corps, comme le veut une certaine thèse, ou, tout au contraire, par des vêtements flottants que la jeunesse a rompu avec la mode adulte.

Les travaux de Bourdieu comme ceux de Yonnet, en insérant la mode dans une réflexion sociologique qui l'excède – à laquelle il faudrait ajouter celle, plus limitée toutefois dans son ampleur, de Jean Baudrillard dans *Le Système des objets* –, répondent au demeurant à des analyses qui, dans les années 1960 et 1970, avaient posé la mode comme un objet en soi de l'observation sociologique. Ce sont celles menées en Allemagne, en Grande-Bretagne et en France par des auteurs dont les noms sont désormais associés à la sociologie ou à la psychosociologie de la mode.

25 *La mode, imitation et distinction, somptuosité et émulation ?*

Objet particulier de la sociologie, la mode a fini malgré tout par le devenir depuis plus d'une trentaine d'années. Le sociologue allemand René König, dans plusieurs livres dont le plus connu est *Kleider und Leute, Zur Soziologie der Mode*, 1968 (*Sociologie de la mode*, 1969), en reprenant les définitions de Simmel et en les élargissant, s'est employé à la saisir dans sa spécificité et à en définir les enjeux. D'une façon moins systématique et plus spontanée, Quentin Bell a lui aussi proposé, dans *On Human Finery* (*Mode et société. Essai sur la sociologie du vêtement*, 1992) une appréhension générale du phénomène de la mode qu'il inscrit dans la continuité de Thorstein Veblen.

Assurément, König présente avant tout son ouvrage comme une synthèse des différentes interprétations de la mode, mais il est amené à faire ressortir les caractères qui lui semblent définir plus particulièrement la mode : la propension à l'imitation et la volonté de distinction. De fait, s'il s'attarde sur les différents jugements suscités par la mode, sur ses fonctions en convoquant à l'occasion la psychanalyse (Freud et Flügel), sur son sens pour les sociétés et l'individu, s'il fait son histoire depuis qu'elle s'est affirmée en tant que phénomène social au XIXe siècle jusqu'à sa plus large expansion à notre époque et son insertion dans le champ d'une consommation de masse, il met en évidence, quels que soient les contextes et les évolutions considérés, la distinction et l'imitation comme les éléments fondamentaux qui structurent la mode. Il estime que « la métamorphose par la parure » est apparue spontanément chez l'homme, ce qui « est d'autant plus vraisemblable que la parure a une double signification : l'individu se transforme et s'élève à ses propres yeux, et se “distingue” aux yeux des autres » et que « la parure et la distinction se sont développées parallèlement, bien qu'il existe des formes de distinction qui n'ont rien à voir avec la parure » (König, 1969 : 60). Il insiste successivement sur la possibilité qu'a un groupe, quel qu'il soit, de se distinguer par la parure d'un autre groupe, sur la concurrence et la rivalité qui s'expriment en termes de vêtement au sein des classes supérieures des sociétés occidentales, cette « consommation ostentatoire » décrite par Veblen, et sur la distanciation par rapport aux autres qui s'ensuit immanquablement et s'accompagne de considération. Mais König note ici un élément important : « pour qu'elle remplisse son rôle, la “distinction” doit donc correspondre à quelque chose que l'entourage considère comme tel. Pour être remarqué, il faut, par conséquent, accepter l'ensemble des valeurs traditionnelles reconnues par son milieu. Et cela nous conduit aussitôt à un nouveau paradoxe : se distinguer et s'intégrer dans un groupe social ne s'excluent pas » (*ibid.* : 85). Ainsi, il est conduit à faire du concept d'imitation l'autre concept cardinal régissant le champ de la mode. Même s'il estime dépassée la théorie selon laquelle « les classes inférieures imitent les classes supérieures » et obligent ces dernières « pour continuer à se distinguer des précédentes, de changer de mode, jusqu'au moment où elles sont “rattrapées” par les autres, et ainsi de suite » (*ibid.* : 72), il reconnaît que, en matière de mode, il est « également naturel que, chaque fois, la masse tente d'imiter celui ou ceux qui se sont distingués » (*ibid.* : 87) et il rappelle ici les travaux de Tarde, Spencer et surtout Simmel. Simplement apporte-t-il quelques nuances à la théorie, en soulignant les cas où, tout au contraire, l'imitation ne saurait fonctionner et ceux où l'on ne peut pas « parler d'imitation au sens propre » comme quand il s'agit plutôt de « conditions de vie identiques » qui entraînent une « similitude d'action », et il conclut que « l'imitation ne constitue pas des relations sociales en elle-même; elle renforce les relations existantes, et les fait apparaître au grand jour » (*ibid.* : 92). Il admet en outre que, aujourd'hui, la situation a sans doute changé et que « quelle que soit la désunion qui oppose les peuples sur le plan politique, ils tombent d'accord pour admirer un très petit nombre de personnages (vedettes du sport, du cinéma, etc.) (*ibid.* : 93).

Si Bell essaie dans un premier temps de définir une « morale vestimentaire » qui nous fait dire qu'un vêtement est « correct », « bon », « irréprochable », « impeccable », selon les personnes et les contextes, il considère toutefois que « tout habillement à la mode est dans une certaine mesure somptueux » (Bell, 1992 : 29) et il est amené, par suite, à reprendre les idées de Veblen quant à la fonction du vêtement. Il montre en effet que, « la manifestation du pouvoir d'achat [étant] la forme la plus simple de la somptuosité » (*ibid.* : 33), le vêtement à la mode se doit donc d'exprimer indirectement la richesse et que, dès lors, il se trouve pris dans une consommation ostentatoire, est l'expression du loisir ostentatoire et peut être, à l'occasion, l'objet d'un gaspillage ostentatoire. À ces trois concepts vebleniens, Bell en ajoute un quatrième, celui de l'excès ostentatoire, qui peut provoquer le scandale en prenant le plus souvent la forme d'un défi à la pudeur (*ibid.* : 48). Bell s'attarde ensuite sur la nature même de la mode qui est de perpétuellement changer, de même que de modifier notre vision des corps et, par conséquent, nos conceptions de la beauté, puis il dresse la liste des théories à même d'expliquer la nature fondamentalement changeante de la mode, de celles qui l'expliquent par l'action de quelques individus à celles qui font intervenir une puissance supérieure, en passant par celles qui considèrent la mode comme une émanation de la nature humaine ou comme le reflet de grands événements politiques ou spirituels (*ibid.* : 95). Mais toutes ces théories se révèlent insatisfaisantes et, quand il s'agit de comprendre le fonctionnement de la mode, c'est à nouveau du côté de Veblen qu'il est préférable de se tourner. « Le ressort de la mode est le processus d'émulation, explique Bell, par lequel les membres d'une classe imitent la mode d'une autre classe » (*ibid.* : 120). Mais, pour que ce processus d'émulation puisse être effectif, il faut une société dans laquelle « le luxe qu'est le costume somptueux » (*ibid.*) soit ouvert à plus d'une classe et que la classe supérieure soit sans cesse remise en cause en tant que telle par les autres classes, en particulier par la classe moyenne, « en d'autres termes, une société qui donne naissance à des modes changeantes doit elle-même être une société qui change » (*ibid.*). Des événements historiques comme la Révolution, qui rompt l'acceptation de la hiérarchie sociale existante dont est tributaire l'émulation, ou la consommation indirecte (« le fait de manifester sa somptuosité par l'entremise d'un tiers »), semblent pouvoir constituer des exceptions à ce fonctionnement de la mode mais, quand on les étudie avec plus d'attention, ils ne font en fait que le confirmer. Cette idée d'émulation suscitée par l'existence de classes sociales qui se transforment sans cesse permet à Bell de pronostiquer la fin de la mode, car, alors que les classes sociales sont sur le point de disparaître dans les sociétés contemporaines du monde occidental, émerge cette catégorie sociale particulière qu'est la jeunesse qui remet la mode fondamentalement en question.

26 *La mode, phénomène psychosocial global ?*

Dans son étude intitulée *Psychosociologie de la mode,* parue en 1979, M.-A. Descamps part lui aussi de la constatation que, quand on parle de mode, c'est le plus généralement de mode vestimentaire qu'il est question : « L'objet électif de la mode est le vêtement » (Descamps, 1984 : 12). Et il s'emploie à distinguer avec force la mode vestimentaire, à laquelle il consacre la plus grande partie de ses développements et de son livre, des autres modes qu'il étudie plus brièvement – il s'agit du reste, si l'on excepte « les objets de l'habitat », d'éléments liés directement au vêtement comme les accessoires (chaussures, lunettes, sacs, etc.) ou indirectement comme la coiffure ou le maquillage.

Il cherche tout d'abord à décrire le mécanisme de mode, pour pouvoir ensuite « déterminer ses facteurs, ses premières lois, ses rôles et surtout son sens » (Descamps, 1984 : 12). Ce mécanisme, c'est par une suite de définitions qu'il tente essentiellement de le cerner. Il examine successivement les cinq degrés qui vont « du sens le plus extensif au plus intensif » (*ibid.* : 13) : la mode comme diffusion secondaire (1er degré) qui est celle « d'acquisitions culturelles durables et définitives » (*ibid.* : 17), la mode comme diffusion soudaine sans justification utilitaire valable (2e degré), la mode comme diffusion soudaine sans raison et éphémère, celle des engouements (3e degré), la mode comme « suite ininterrompue et lente de diffusions soudaines, sans raison et éphémères » (*ibid.* : 15) (4ᵉ degré); pour en arriver à la définition suivante (5ᵉ degré) : « la mode est une suite ininterrompue et rapide de diffusions soudaines, sans autre raison qu'elle-même et de nature éphémère » (*ibid.* : 16) qui est celle de la mode vestimentaire, qu'il convient peut-être d'écrire : la Mode.

Puis, à partir d'une analyse structurale de la mode où il s'attarde sur douze vecteurs (la valeur, le sexe, le changement, la norme, la société, la lutte des classes, la politique, l'économie, l'industrie, le commerce, l'inspiration et la représentation), il en arrive à la conclusion que « la mode doit être comprise comme *phénomène social global* » (*ibid.* : 59), mais que sa réalité est « une réalité complexe qui est le résultat de tout un ensemble de facteurs » (*ibid.* : 60). Que ses motivations soient individuelles (désir de renouveler son apparence, volonté d'attirer l'attention, de se parer sexuellement etc.), ou sociales (manifester son appartenance à un groupe par rapport à un autre groupe, sa position par rapport à l'ordre établi, ses opinions politiques, religieuses, etc.), elle apparaît comme « un phénomène surdéterminé qui exprime à la fois l'individu, la société, l'inconscient, et a une évolution autonome propre » (*ibid.* : 61).

C'est en se plaçant dans cette perspective que Descamps entreprend dans la seconde partie de son ouvrage l'étude de la mode vestimentaire. Elle se scinde en une étude matérielle et une étude de l'influence culturelle. La première s'attarde sur les matériaux, les tissus, la couleur, et cherche à évaluer leurs implications psychologiques et sociales. La seconde, en se donnant pour objet d'étude le sport, la femme et les jeunes, analyse successivement l'influence très importante du sport sur la mode, les évolutions récentes du vêtement féminin (la minijupe, les collants et le pantalon) et leur signification, enfin la fonction essentielle de la mode pour les jeunes dont elle est « le terrain privilégié dans lequel peut se manifester leur personnalité, et peut-être où elle se construit » (*ibid.* : 173). Et c'est la combinatoire de ces deux éléments, les matières et l'influence culturelle, qui permet de comprendre les différentes directions que prend la mode selon les époques.

27 *La mode, système ordonné et endogène ?*

L'anthropologue américain A. L. Kroeber s'est livré au début du XXe siècle à de larges études quantitatives sur la mode dont il a publié les résultats en 1919 dans des articles de la revue *American Anthropologist* (« On the Principle of Order in Civilization as Exemplified by Changes of Fashion ») et en 1940, avec Richardson, de *Anthropological Records* (« Three Centuries of Women's Dress Fashion : a Quantitative Analysis »). Il conclut de ces études menées sur des milliers de gravures de mode de 1749 à 1936, par exemple pour ce qui concerne la longueur des jupes, que l'amplitude des variations est d'environ un demi-siècle et, pour ce qui concerne l'ampleur des robes, que le minimum est atteint en 1811 et 1926 tandis que le maximum est offert en 1749 et 1860. En multipliant les observations de cet ordre, pour la largeur et la hauteur de la taille ou la largeur et la profondeur du décolleté, il finit par mettre en évidence de grandes vagues et des oscillations plus faibles qui ne remettent pas en question, dès qu'on prend un peu de recul temporel, la tendance générale; et il parvient à la conclusion plus générale que la mode obéit à des cycles, complètement indépendants de l'histoire et de la société, et que, par conséquent, son évolution est une évolution autarcique.

Cette thèse, certes fort contestable pour beaucoup, a été souvent débattue. Descamps trouve du reste bien des faiblesses « dans le recueil du corpus, les méthodes de mesure et la pertinence des différences » (Descamps, 1984 : 59). Il reste que, sans être aussi systématique que Kroeber, bien des auteurs penchent en faveur de l'idée d'une mode comme système ordonné et endogène. C'est le cas de König et de Descamps lui-même, auquel il faudrait ajouter l'historien britannique James Laver.

König consacre de longs développements aux études de Kroeber et, en se recommandant d'elles, refuse lui aussi qu'un événement historique, quel qu'il soit, révolutions, guerres, instabilité sociale et culturelle, puisse venir infléchir le cours de la mode. « Les transformations relevant de la mode, remarque-t-il, ont ceci de particulier que deux règles sont en vigueur : à la fois respecter la coutume observée jusque-là, et considérée comme obligatoire, et ne pas la respecter, mais s'en écarter. Dans tous les autres domaines, seule la première règle existe » (König, 1969 : 21-22). Et il arrive à la conclusion que, bien plutôt que de subir l'histoire, tout au contraire « la mode, ce système original de régulation, devient l'un des moteurs de l'évolution sociale » (*ibid.* : 22). Si Descamps, on l'a vu, considère la mode comme un ensemble extrêmement complexe qui obéit à de nombreux facteurs, il n'est pas sans accorder une attention particulière à une étude anhistorique dont il trouve chez Jean Baudrillard les bases et les balbutiements, et il parle de « désordre ordonné ». Et l'on sait que, en bout de course, il sera amené à privilégier cette hypothèse d'une évolution autonome en en faisant un élément central de la définition qu'il donne de la mode. Quant à Laver, qui a pu étudier l'évolution du vêtement depuis l'Antiquité jusqu'à nos jours dans son *Histoire de la mode et du costume*, il ne rend certes pas la mode indépendante de l'histoire et de la société, mais il conclut qu'elle apparaît comme un cycle social transhistorique.

La sociologie, quand elle se donne la mode comme objet particulier – peut-être parce qu'elle se donne la mode comme objet particulier –, manifeste, on le voit, une certaine tendance à faire de son histoire une histoire autonome ou en tout cas une histoire aux éléments constitutifs si complexes qu'elle ne saurait relever directement des mutations sociales de l'histoire en général. Et, par conséquent, elle tend à l'ériger en système largement fermé sur lui-même. Au demeurant, c'est également à cette conclusion qu'arrive une autre interprétation de la mode, en marge de la sociologie proprement dite.

28 *La mode est-elle un système sémiologique fermé ?*

C'est d'une manière souvent indirecte, c'est-à-dire par le biais d'autres disciplines, qu'une sociologie de la mode, de fait, a pu également commencer à s'affirmer. Une de ces disciplines est incontestablement la sémiologie générale, issue du bouleversement des sciences humaines dans les années 1960, et à laquelle on doit un des ouvrages les plus connus sur le sujet. On sait en effet que

Roland Barthes applique, dans son *Système de la mode* (1967), la démarche sémiologique au vêtement.

Bien que Barthes considère la mode comme un « objet sociologique privilégié », et qu'il admette volontiers que sa sociologie reste sans doute encore à faire, il entend se placer dans une perspective tout à fait différente : « la sociologie de la Mode [...] part d'un *modèle*, à l'origine imaginé [...] et en suit l'accomplissement à travers une série de vêtements réels [...]; elle cherche donc à systématiser des conduites, qu'elle peut mettre en rapport avec des conditions sociales, des niveaux de vie et des rôles. La sémiologie ne suit pas du tout le même chemin; elle décrit un vêtement qui reste de bout en bout imaginaire, ou si l'on préfère, purement intellectif; elle ne conduit pas à reconnaître des pratiques, mais des images. La sociologie de la Mode est tout entière tournée vers le vêtement réel; la sémiologie vers un ensemble de représentations collectives » (Barthes, 1967 : 19-20). Dès lors, il distingue trois vêtements différents : le vêtement-image, qui est « photographié ou dessiné », le vêtement-écrit, qui est « décrit, transformé en langage » (*ibid.* : 13), et le vêtement réel que les deux premiers représentent chacun à leur façon, et il remarque que la translation du réel à l'image s'effectue par le patron de couture, celle du réel au langage par ce qu'on « pourrait appeler la recette ou le programme de couture » (*ibid.* : 16), celle, enfin, de l'image au langage, d'une façon plus elliptique, par « les anaphoriques de la langue, donnés soit sous le degré plein (*"ce" tailleur, "la" robe en shetland*) soit sous le degré zéro (*rose piquée dans la ceinture*) » (*ibid.* : 17). Et c'est sur le vêtement-écrit, et sur le vêtement-écrit seulement, qu'il entend faire porter son analyse; pour cela, il choisit de travailler à partir des descriptions de la presse données essentiellement dans deux journaux de mode français : *Elle* et le *Jardin des modes*.

L'analyse très précise du vêtement-écrit qu'il mène successivement pour le code vestimentaire et pour le système rhétorique, tant au niveau du signifiant que du signifié et du signe, conduit Barthes à un certain nombre de constats. Ces constats sont de deux ordres. Ils touchent au système de la mode en général d'une part, et aux ensembles plus particulièrement étudiés d'autre part.

En se concentrant exclusivement sur le vêtement-écrit, il ne fait que rendre compte, estime-t-il, de l'importance des magazines de mode qui ont « modifié le phénomène de la mode », « déplacé son sens sociologique », et qui en ont fait « un objet culturel autonome » (*ibid.* : 277). Or, ce qui est nouveau, c'est que, « aux fonctions sociales, reconnues d'ordinaire à la Mode vestimentaire, se substituent ou s'ajoutent d'autres fonctions, analogues à celles de la littérature, et que l'on peut résumer d'un mot en disant qu'à travers la langue qui la prend désormais en charge, la Mode devient *récit* » (*ibid.* : 277). Ce récit, toutefois, est particulier, dans la mesure où il ne signifie pas de la même façon qu'un autre système de signes, la littérature par exemple : « son pouvoir devient si autonome qu'il peut agir à distance et pour finir évapore la substance elle-même : ce n'est pas la cape qui signifie, c'est son affirmation : le sens nie toute valeur intrinsèque aux substances » (*ibid.* : 279). Cette dénégation que Barthes considère comme « peut-être la fonction la plus profonde du système de la Mode » (*ibid.*) fait que cette dernière apparaît « essentiellement – et c'est la définition finale de son économie – comme un système de signifiants, une activité classificatrice, un ordre bien plus sémiologique que sémantique » (*ibid.* : 280).

À l'intérieur du système général de la mode se rencontrent cependant des situations contrastées. Alors que, dans l'ensemble où le signifié explicite des traits vestimentaires est le monde, la Mode « participe indirectement à un système *ouvert* »; dans l'ensemble où le signifié implicite est la Mode elle-même, elle « participe directement à un système *fermé* sur ses signifiants » (*ibid.* : 281). Dans le premier cas, l'ouverture au monde provient du fait que les signifiés sont nommés, que la Mode est seulement connotée et que « mode et signifiés sont organisés par la rhétorique et forment une représentation du monde » (*ibid.*). Mais, puisque la Mode participe alors à « une certaine conversion du réel » (*ibid.*), cette ouverture au monde ne débouche jamais que sur l'aliénation idéologique ou sur une forme d'utopie. Dans le second cas, la Mode peut être comparée à la logique formelle : « comme la logique, la Mode est définie par la variation infinie d'une même tautologie; comme la logique, la mode cherche des équivalences, des validités, non des vérités; comme la logique enfin, la Mode est dénuée de contenu, mais non de sens. Sorte de machine à entretenir le sens sans jamais le fixer, elle est un sens sans cesse déçu, mais elle est toujours un sens : sans contenu, elle devient alors le spectacle que les hommes se donnent à eux-mêmes du pouvoir qu'ils ont de faire signifier l'insignifiant » (*ibid.* : 287).

De ce double système de la mode, Barthes ne manque pas de tirer quelques considérations sociologiques, au demeurant assez attendues. Le « système sémantique parfait » qu'est le « système fermé vide et réflexif », débarrassé de toute substance idéologique, celui de la Mode pure (*ibid.* : 289-290), lui semble plutôt se trouver dans la presse plus « aristocratique », tandis que le système qui n'a pu s'ouvrir au monde qu'au prix d'une aliénation ou de la fuite dans l'utopie semble être le fait d'une presse plus populaire qui « pratique une mode naturalisée, riche en fonctions-signes » (*ibid.*). Et il rapporte cette oscillation à une situation historique – la Mode est un modèle aristocratique mais qui tend à devenir un phénomène de masse en étant consommée à travers une presse à grand tirage – et au compromis sur laquelle la Mode repose désormais : convoquer le modèle aristocratique (par le spectacle luxueux des défilés par exemple), mais, en même temps, représenter le monde de ses consommateurs (en leur proposant des règles de conduite).

29 *La mode, un objet d'étude privilégié pour les féministes ?*

Dans les disciplines qui, en marge de la sociologie proprement dite, proposent une perspective sociologique sur la mode figure aussi, outre la sémiologie, l'histoire de l'art, celle-ci offrant traditionnellement dans les universités britanniques et américaines des cours sur la mode. Cette perspective trouve le plus souvent ses origines dans une reconsidération féministe qui, en s'inscrivant dans le cadre d'une histoire sexuée, ouvre sur des analyses neuves. Elle est le fait d'un certain nombre de chercheurs, femmes et américaines principalement, qui, loin de considérer cette fois la mode comme un système fermé, en font une voie d'accès privilégiée à l'étude des relations entre les sexes et au rapport des sociétés à la sexualité. Parmi les assez nombreux auteurs qui se placent dans ce courant il est possible d'en retenir deux, plus particulièrement significatifs : Anne Hollander, qui montre que l'histoire du vêtement est illustratif de l'histoire des rapports homme-femme; et Valerie Steele, qui interroge les rapports de la mode à la sexualité et au pouvoir.

Après avoir cherché tout d'abord à savoir ce que pouvaient révéler les vêtements (*Seeing through Clothes*, 1978), Anne Hollander applique ses idées en s'attardant sur le costume masculin, dans *Sex and Suits. The Evolution of Modern Dress*, en 1994. Elle considère que les premiers développements de ce que nous connaissons aujourd'hui comme le complet-veston de l'homme coïncident avec le désir des hommes de la nouvelle classe supérieure d'être à l'aise dans leurs vêtements (Hollander, 1994 : 64). Ce désir, les hommes ne l'appliqueront pas aux femmes et, par un long processus qui traversera le XVIIIe siècle, l'habit masculin se simplifiera et gagnera en sobriété alors que les tenues féminines n'évolueront pas ou peu et resteront marquées par la fantaisie. Dans ce parcours qui l'amène vers une plus grande fonctionnalité, le costume masculin sera servi, au début du XIXe siècle, par des progrès techniques et par l'influence de l'esthétique néoclassique qui, contrairement à ce que l'on a pris l'habitude de croire, est plus importante sur lui, qu'elle rapproche du corps sans le contraindre, que sur la robe drapée à taille haute (*ibid.* : 103). Faute d'avoir un habit comme celui de l'homme, qui devient vite uniforme du pouvoir officiel, la femme reste dans un rôle subalterne. Anne Hollander estime que toute l'histoire de la mode se confond alors avec celle de l'émancipation des femmes. Et de décrire l'évolution du vêtement féminin depuis Worth jusqu'à aujourd'hui, en passant par Paul Poiret, Coco Chanel et Yves Saint Laurent, à la recherche d'un équivalent du fonctionnel costume masculin. À la fin de son itinéraire, elle voit, au-delà d'un vêtement enjeu d'un pouvoir, une dimension sexuelle à la parure.

C'est précisément la relation de la mode avec la sexualité et le pouvoir qu'interroge pour sa part Valerie Steele. Dès 1985, avec *Fashion and Eroticism*, puis en 1989 avec l'ouvrage écrit en collaboration avec C. B. Kidwell, *Men and Woman. Dressing the Part*, elle avait largement abordé ces points. Mais avec *Fétiche. Mode, sexe et pouvoir*, 1997, c'est plus directement et plus particulièrement à travers le fétichisme qu'elle les développe. Elle part de la constatation que, depuis une dizaine d'années, certains créateurs de mode, et souvent les plus importants, tirent leur inspiration des perversions sexuelles, et que les vêtements qui ne se trouvaient autrefois que dans des boutiques « spécialisées » se retrouvent dans les défilés de mode, puis dans la rue. Elle s'attarde successivement sur les principales composantes de cette mode fétichiste dont les premières manifestations remontent du reste plus avant dans le temps : les bottes et combinaisons de cuir liées au sado-masochisme qui apparaissent dès les années 1970, le corset qui a effectué récemment un retour, les chaussures et particulièrement les talons aiguilles, la lingerie qui désormais se porte en vêtement de dessus, ou encore les vêtements moulants en latex. Valerie Steele souligne que la mode, et peut-être plus précisément la photographie de mode, ont été importants dans le débat ouvert par les féministes sur le sexe et la pornographie dans les années 1970, et elle rappelle que « le féminisme orthodoxe a dénoncé la manière dont mode "chosifiait" la femme – les critiques les plus violentes s'adressant aux photographes et aux modes les plus ouvertement érotiques » (Steele, 1997 : 45). Mais elle reconnaît que le débat doit être posé actuellement en d'autres termes. En effet, si l'on peut éprouver un certain malaise devant la mode fétichiste, comme devant n'importe quelle forme d'art qui met en scène des « perversions », beaucoup de femmes sont cependant attirées par cette mode, et cela « a peut-être à voir avec leur désir de s'affirmer comme des sujets sexuels autonomes » (*ibid.* : 160). Et Valerie Steele de citer une journaliste de mode, Sarah Mower, qui estime que les femmes doivent se servir « de leur sexualité comme d'une arme » et qui légitimait ainsi une mode qui joue sur les propensions fétichistes des hommes. La mode serait alors une voie d'accès de la femme au pouvoir, idée à laquelle la méfiance dans laquelle elle a souvent été tenue dans le passé par les hommes au pouvoir pourrait de fait apporter quelque crédit. En outre, au-delà de la question du pouvoir, la mode fétichiste a une charge érotique importante car, remarque Steele en convoquant tout à la fois Herbert Marcuse et Sigmund Freud, « Tout ce qui est défendu est érotisé » (*ibid.* : 186). Et, à cet égard, elle revêt une fonction tout à fait primordiale.

30 *Quel est l'apport d'une perspective féministe ?*

L'apport de cette perspective « féministe », ou en tout cas féminine, sur la mode est loin d'être négligeable. Tout d'abord, elle donne à celles qui jusqu'alors avaient été les principales concernées par le phénomène de la mode vestimentaire mais étaient restées à l'écart de son interprétation, le plus souvent assurée par les hommes, la possibilité de s'exprimer et d'apporter une vision qui, pour être sans doute moins distanciée, a l'avantage de saisir le phénomène de l'intérieur. Ensuite, elle a le mérite de replacer le vêtement au centre même du social et, plus particulièrement, au centre du débat sur les sexes et la sexualité. Le vêtement, écrit Anne Hollander à la fin de son essai, « ne définit pas seulement les différences entre les corps de l'homme et de la femme, mais il décrit une relation sexuelle qui a une vie changeante selon les temps. La signification sociale est dépendante de la signification sexuelle, parce que le sexuel est ce qui donne à la forme sa force, son pouvoir d'avoir justement une signification sociale » (Hollander, 1994 : 196). Et V. Steele donne à la mode un sens psychosocial très important, puisque non seulement elle considère que les ambivalences de la culture sont mises en relief par la mode (la tension entre le masculin et le féminin, la jeunesse et la vieillesse, le conformisme et la rebellion), mais encore elle voit dans la mode la mise en scène de « notre propre malaise devant l'effacement des frontières entre « normal » et « pervers » (Steele, 1997 : 187).

Ce discours de femmes sur la mode, même s'il reste encore, dans ses diverses réalisations, spontané et fragmentaire, et s'il ne s'est pas toujours constitué en un ensemble organisé, ouvre incontestablement des voies nouvelles. Il permet bien des reconsidérations, comme par exemple celle qui est proposée par Jennifer Craik dans *The Face of Fashion : Cultural Studies in Fashion* (1994), ou encore celle du dandysme, engagée dans un ouvrage collectif récent, *Dandies. Fashion and Finesse in Art and Culture* (2001). Mais il a échoué jusqu'à présent à formuler une perspective vraiment convaincante, à l'instar du reste de toutes les tentatives qui se sont succédé avant lui, des ouvrages de Bell, König ou Descamps à la somme sémiologique de Barthes.

C'est faute, à l'évidence, d'avoir effectué le renversement philosophique nécessaire. Car développer une sociologie de la mode implique tout d'abord le renversement d'une attitude philosophique et, par conséquent, comme je le suggérai en introduction (question 3), de poser le vêtement non plus comme élément second, accessoire, mais comme élément premier, fondateur, déterminant les comportements individuels comme les structures sociales. Cette démarche ne saurait être dès lors celle d'une sociologie positiviste qui, travaillant à partir de statistiques et d'une observation quantitative, chercherait à saisir directement les relations qu'entretient l'homme contemporain avec le vêtement. Elle est, bien plutôt, celle d'une sociologie de l'imaginaire et des représentations, qui considère que la situation est beaucoup plus complexe, et que c'est aussi et surtout indirectement, par l'intermédiaire de l'imaginaire et non directement par la réalité vécue, que sont déterminées nos relations au vêtement.

III

La mode et son imaginaire

31 *Le vêtement détermine-t-il nos comportements ?*

Comment poser le vêtement non plus comme élément second, accessoire, mais comme élément premier, fondateur, déterminant les comportements individuels comme les structures sociales ? En d'autres termes comment considérer que nos comportements, « la démarche, le tempo, le rythme des gestes sont sans nul doute essentiellement déterminés par [lui] » (Simmel, 1989 : 174) et, position encore plus iconoclaste, que non seulement il ne suit pas l'histoire mais la précède, et que c'est peut-être même en parlant chiffons que commence tout changement social d'importance ?

Tout d'abord, on pourrait trouver à cette position quelques fondements d'ordre anthropologique. On soulignera en effet que l'acte de se vêtir, parce qu'il est ce « signe qui sépare l'homme de l'animal » dont parlait Condorcet, a un caractère fondateur, mais aussi parce qu'il apparaît, au même titre que la sexualité et l'alimentation par exemple, comme une activité fondamentale de l'être humain, décisive dans l'instauration de tout processus de socialisation, semble devoir échapper à toute tentative de rationalisation et, par conséquent, relever du domaine du symbolique et de l'imaginaire. Et, en guise de preuve, sans même aller jusqu'à invoquer d'emblée, avec Baudelaire, « la haute spiritualité de la toilette » que « ceux que notre civilisation, confuse et pervertie, traite volontiers de sauvages [...], comprennent aussi bien que l'enfant » (Baudelaire, 1975 : 714), on rappellera que, dans les sociétés anciennes, les valeurs fonctionnelles et les valeurs symboliques du vêtement coïncident. Par suite, on peut considérer à juste titre que le vêtement non seulement fait partie de l'inventaire anthropologique que la mythanalyse, telle que Gilbert Durand a pu la mettre en place, se donne pour objet, mais aussi en constitue un élément privilégié ; et si l'on estime en outre avec l'anthropologue français que ce n'est pas l'histoire qui est le module du mythe, mais « le mythe qui est le module de l'histoire » (Durand, 1979 : 31), que ce n'est pas l'histoire qui rend compte du mythe mais, au contraire, le mythe qui est à l'origine de la pensée historienne, il va alors de soi que son impact sur l'histoire n'est pas mince.

Mais c'est également par le renversement de toute une tradition philosophique qu'on peut, plus particulièrement, fonder cette primauté du vêtement. La pensée occidentale, de même qu'elle a cherché « sous le corps l'âme (logique religieuse) ; sous les superstructures l'infrastructure économique (logique marxiste, mais pas seulement), sous le manifeste du langage et des comportements, l'inconscient (logique freudienne) » (Yonnet, 1985 : 361), a cherché l'essence sous le paraître et décrété que « l'habit ne fait pas le moine ». Or, contrairement par exemple à un Bourdieu qui, à l'évidence, s'inscrit encore dans cette tradition, il semble possible de reconsidérer le proverbe pour voir dans le vêtement, non pas une apparence accessoire et souvent trompeuse, mais un modèle social déterminant des comportements et des manières d'être et, d'une manière plus générale, dans la mode ou les modes, avec Patrice Bollon, « comme une sorte de “pensée sauvage” du social » (Bollon, 1990 : 184). En se plaçant dans la perspective inaugurée sur le mode du paradoxe par Oscar Wilde à la fin du XIXe siècle, dans *The Decay of Lying*, on peut de fait s'accorder à penser que la fonction de l'art n'est pas principalement, comme le voulait Aristote, d'imiter la nature, mais aussi, et surtout, de créer des modèles propres à informer le réel et à structurer le social. « Ce qui caractérise l'art et ce qui reste, ce sont les liaisons internes, les schèmes de pensée nécessairement élaborés par un petit nombre d'artistes et intégrés rapidement par un petit nombre de témoins dans leur propre expérience – qui par définition [...] n'est pas figurative » (Francastel, 1970 : 41). Toutefois, parce que cette schématisation à laquelle procède l'art concerne l'acte créateur tout autant que les regards qu'il « captive » et l'expérience qu'il élabore, « l'art ne peut modeler l'expérience, que s'il transforme d'abord nos structures perceptives » (Roger, 1978 : 14). En revanche, la mode, en s'inscrivant directement – et en n'existant vraiment que – sur le corps, fait l'économie du « Regard transcendantal, lieu de la schématisation moyenne » (*ibid.* : 40). Et puisque « l'efficacité du transcendantal n'est pas (comme dans le cas de l'art), abandonnée au caprice de l'œil, à sa distraction, sa fatigue, sa paresse, bref à la contingence » (*ibid.*) c'est, dès lors, plus directement certes, mais surtout plus sûrement, qu'elle fournira des modèles.

Ces modèles, donc, que toute confection vestimentaire par essence propose, c'est à l'imitation qu'elle les impose. À une imitation que Tarde plaçait, dans *Les Lois de l'imitation,* au principe même de toute activité humaine et que Veblen puis Simmel ont appliquée plus particulièrement à l'habillement. Quelle que soit la façon dont on le conçoit, ce processus d'imitation passe en outre par un certain nombre d'intermédiaires à même de faciliter la construction d'un modèle et, par suite, de précipiter une évolution. On peut ainsi estimer, par exemple, que les périodiques de mode ont depuis longtemps cette fonction (Dagognet, 1975 : 7-8), mais c'est toutefois l'institution moderne du mannequin qui la remplit le mieux. En effet, si la mode a l'inconvénient de demander « un schème pour chaque chair, un maquillage pour chaque visage, une parure pour chaque nature » (Roger, 1978 : 40), cet inconvénient est en partie réduit par la médiation transcendantale que réinvente le mannequin, « ce modèle mobile ou ce tableau vivant, chargé de captiver les regards d'une saison, et qui y parvient d'autant mieux que les autres femmes [...] se sentent davantage complices d'une telle effigie, leur idée incarnée, elle-même relayée, reproduite, multipliée par la photographie » (*ibid.* : 41). Certains couturiers n'ont pas manqué d'insister sur cette médiation, ainsi Yves Saint Laurent qui déclarait : « Les mannequins ? Ce sont des modèles uniquement. Je ne pense pas à elles en tant que femmes. Si quelque chose en elles retient mon attention, c'est uniquement pour faire ressortir une ligne... » (cité par Benaïm, 1993 : 122).

32 *La mode anticipe-t-elle les changements sociaux ?*

Cette fonction du vêtement, créer des modèles qui, une fois imités et reproduits, décident des représentations, dictent les comportements et anticipent les changements, s'exerce sur les grandes structures de la société et, c'est par conséquent d'une manière générale qu'elle peut être observée. Le vêtement « *anticipe* un état des choses à venir, il fait *comme si* celui-ci existait déjà, et il *teste* sur lui un comportement de réponse : il *simule* sur lui un ordonnancement alternatif du social, dont il "prouve" la viabilité. Il aide ainsi à ce que se fasse jour une nouvelle mentalité qui, bientôt, devient la norme. Il se comporte [...] comme un de ces « modèles » logiques dont on use pour la prévision économique ou politique » (Bollon, 1990 : 105-106). Sans doute, dans cette perspective, ne serait-il pas exagéré de considérer que l'uniformisation du vêtement au XIXe siècle est non seulement le résultat visible de l'abolition du système des ordres de l'Ancien Régime, mais aussi le principe même de l'aspiration démocratique qui allait si fortement caractériser le siècle. C'est parce que peu de différences subsistent désormais dans les manières de s'habiller que l'on aspire à supprimer les différences qui subsistent dans les manières d'être ensemble. Ce qu'anticipe en effet l'uniformisation du vêtement, c'est certes une nouvelle réduction des différences sociales (entre les classes et non plus entre les ordres) mais aussi l'affirmation des valeurs individualistes, ce qui, loin de s'y opposer, va au contraire avec. Que, tout au long du XIXe siècle et jusqu'à aujourd'hui, le vêtement parle de moins en moins du social et de plus en plus de style et de goût personnel ou qu'il ne permette plus d'identifier un groupe social ou de définir un statut particulier mais invite bien plutôt à deviner le caractère d'un individu, en apporterait assurément déjà un beau témoignage. De même en va-t-il pour cette nouvelle étape dans l'uniformisation vestimentaire qu'a permis plus récemment – en l'occurrence dans les années 1960 – l'apparition du prêt-à-porter qui, s'il popularise dans un premier temps les créations de la haute couture parisienne (aux États-Unis en particulier), habille bientôt, dans ses différentes déclinaisons (luxe ou bon marché), la quasi-totalité des habitants des pays développés, des milliardaires aux moins riches, de sorte que « les dissemblances sociales en matière d'habillement sont devenues infimes » (Grumbach, 1993 : 245). On peut considérer, de fait, que, loin d'être simplement un effet parmi d'autres d'une société de consommation qui réduit les écarts culturels et économiques, cette nouvelle uniformisation exprime aussi par avance des exigences toujours plus fortes de démocratie et de liberté. À cet égard, un vêtement comme le jean dont la grande consommation est contemporaine, dans le monde occidental, de l'apparition du prêt-à-porter, est pleinement exemplaire. À l'origine vêtement ouvrier américain, il est vite oublié en tant que tel, et son triomphe et son hégémonie ne signifient pas le triomphe et l'hégémonie des masses laborieuses. Mais, pour la jeunesse tout d'abord puis, bien vite, pour une frange plus large de la population, il est le symbole d'une révolte et de la revendication d'une liberté individuelle qui trouvera, par la suite, son expression tout aussi bien dans l'affirmation d'une identité personnelle que dans la vie publique.

L'étude d'un exemple particulier peut permettre toutefois de mieux comprendre cette fonction d'anticipation sociale du vêtement. Puisque « son costume tient lieu de modèle pour l'ensemble d'une société » (Carassus, 1971 : 77), le dandy esquisse cette médiation transcendantale qu'accomplira plus tard le mannequin et, par suite, il n'est pas sans contribuer à mettre en place un certain nombre de représentations collectives. Ce que le dandy aide le plus évidemment à imposer, ce sont les représentations de l'homosexualité qui se mettent en place dans la deuxième partie du siècle. Michel Foucault souligne que « la catégorie psychologique, psychiatrique, médicale de l'homosexualité s'est constituée le jour où on l'a caractérisée moins par un type de relations sexuelles que par une certaine qualité de la sensibilité sexuelle, une certaine manière d'intervertir en soi le masculin et le féminin » (Foucault, 1980 : 59). Or la relation *féminine* que le dandy, sur la sexualité duquel on s'interroge, entretient avec le vêtement ne laisse pas d'apparaître comme un modèle, sinon exclusif – l'art et la littérature en fournissent d'autres – du moins prédominant, de cette inversion.

Que, vers la fin du XIXe siècle, un alignement plus systématique du dandy sur le féminin dans son habillement aille de pair non seulement avec une expression de moins en moins censurée de l'homosexualité mais lui serve aussi, éventuellement, de support, ne peut que le confirmer. L'excentricité vestimentaire affichée par cette nouvelle espèce de dandy, l'esthète fin-de-siècle, qui fait l'emploi des couleurs, des étoffes (soie, satin et autres matières) jusqu'alors réservées au costume féminin, a de fait souvent pour fonction de camoufler et d'exhiber tout à la fois une homosexualité qui commence à sortir de la clandestinité, voire de se donner clairement comme un signe d'identification sexuelle. De cela, la littérature fournit à l'évidence l'illustration et, en même temps, le modèle – que l'on songe par exemple aux déguisements d'un Dorian Gray au chapitre XI du roman d'Oscar Wilde, qui ne concourent pas que peu à identifier quelques-uns de ses débordements subséquents comme étant de nature homosexuelle. En introduisant par le vêtement le féminin dans le masculin, le dandy incarne dans les représentations collectives cette « sorte d'androgynie intérieure, d'hermaphrodisme de l'âme » (Foucault, 1980 : 59) qui définit désormais, en cette fin de XIXe siècle, l'homosexuel.

33 *Quelle est l'importance sociale du couturier aujourd'hui ?*

Dans les sociétés de la tradition, le tailleur a le plus souvent une fonction sociale importante et, à tout le moins, une valeur symbolique particulière. Tel n'est pas le cas, en revanche, de son successeur, le couturier. Dans les sociétés contemporaines d'Occident, ce dernier est doublement dévalué. Victime d'une part d'une esthétique qui distingue les beaux-arts des arts appliqués, l'art pur de l'art décoratif, les arts majeurs des arts mineurs, il n'est pas pleinement reconnu comme artiste. Mais tributaire d'autre part d'une éthique chrétienne qui, en distinguant le corps et l'âme, stipule que l'attention portée au corps est préjudiciable au salut de l'âme, éthique qui, par suite, fait de tout ce qui touche à la parure une activité, sinon complètement superflue, en tout cas secondaire, le statut de marchand du couturier n'est pas mieux reconnu.

Cette absence de reconnaissance *théorique* ne manque pas cependant d'être très paradoxale. Car, au carrefour du monde de l'art et de celui de l'industrie, le couturier occupe *en pratique,* dans l'espace social occidental depuis la fin du XIXe siècle, une place de plus en plus importante. Et, aujourd'hui, quand un couturier réussit, sa notoriété en tant que créateur est sans commune mesure avec celle des plus célèbres parmi les autres créateurs ; et son chiffre d'affaires en tant qu'industriel n'a souvent rien à envier à celui de bien des entreprises industrielles jugées plus fondamentales. Quel écrivain, quel artiste, quel cinéaste peut de fait revendiquer de voir son nom identifié à une marque et aussi largement exposé aux regards des foules, sur les boutiques des grandes villes ou sur toute pièce de vêtement vendu, et quel chef d'entreprise peut espérer obtenir le prestige dû à une activité malgré tout assimilé à une activité artistique ?

Mais, au-delà de cette position intermédiaire qui le met sur le devant de la scène, c'est, plus fondamentalement encore, à sa capacité à créer des modèles (dans tous les sens, particuliers et généraux, du terme) qu'il doit son importance sociale. Yves Saint Laurent le définissait bien : « La mode est un changement d'attitude de la femme ; j'essaie dans mes modestes moyens de transformer l'attitude des femmes. »

Certains invoqueront sans doute le fait que la haute couture, partie la plus prestigieuse de la création vestimentaire, dans laquelle a évolué prioritairement jusqu'alors le couturier, a une clientèle (quelques petites centaines de personnes dans le monde, pour la plupart des grandes maisons) et même un public par trop limités pour qu'elle puisse être sérieusement susceptible de fournir ces modèles. On objectera tout d'abord que la constitution de quelque objet que ce soit en modèle n'est jamais vraiment fonction de l'importance de son public initial mais, tout au contraire, de la supériorité *attribuée* dans le domaine en question à celui qui le possède, ce qui expliquerait que, par essence, la haute couture, destinée à une catégorie de personnes favorisées par la naissance, l'argent, la renommée ou la beauté et enviées pour cela (princes, acteurs, chanteurs, etc.), a toujours eu pour vocation d'être imitée. Le phénomène n'est pas nouveau. Mais il a pris, depuis une quarantaine d'années, des directions particulières. Comme le remarque Jean-Paul Gaultier, « chaque époque a eu des stars qui ont influencé leurs fans dans leur manière de s'habiller » mais aujourd'hui, « ce sont surtout les pop stars qui ont de l'influence » (cité par Steele, 1998 : 169). Et, incontestablement, « le milieu des vedettes est un diffuseur puissant de normes à travers les différentes modes dont il est le créateur ou le relais » (Pagès-Delon, 1989 : 85).

S'il est vrai que le public de la haute couture est initialement limité, du fait des relais de la photographie de mode, de la télévision et du cinéma dont elle dispose désormais, elle peut fort bien imposer ses modèles au plus grand nombre. Outre la représentation directe de ses défilés devenus spectacles à part entière – dans les magazines et sur le petit écran – c'est également une représentation plus indirecte que permettent ces relais : on sait, par exemple, que les costumes de cinéma, de théâtre, de ballet sont bien souvent l'occasion pour un couturier d'exprimer son talent, ou que ceux de tel chanteur, de tel présentateur d'émission de télévision servent à promouvoir sa marque, quand – cas malgré tout plus rare – un film ne met pas purement et simplement en scène une de ses créations, fût-ce sur le mode de la dérision, comme les robes-cottes de mailles de Paco Rabanne dans *Qui êtes-vous Polly Magoo ?* Enfin, on soulignera que, désormais, le débat ne peut même plus se tenir dans les termes où il a été posé. Depuis les années 1960 au moins, l'unicité artisanale de la haute couture a trouvé son prolongement dans la reproduction industrielle en série du prêt-à-porter, fût-il de luxe.

L'objection inverse, que, si modèles il doit y avoir, ceux-ci ne verraient plus désormais le jour dans les studios de création des grands couturiers mais spontanément dans la rue, apparaît comme plus forte encore. Pourtant, elle ne peut être considérée non plus comme entièrement recevable. Non qu'aucune création vestimentaire ne puisse naître de la rue, mais parce que, à l'évidence, ce qui naît dans la rue, fruit d'une révolte individuelle ou, le plus souvent, création qui marque l'identité de groupes multiples se réclamant de différentes formes de contre-culture ou de sous-culture, ne peut jamais être, par définition, modèle à l'état brut. Il faut la médiation du couturier pour que les vêtements qui caractérisent ces groupes et dont il s'inspire puissent devenir modèles, offerts à l'imitation des masses. Cette médiation doit s'effectuer par une triple opération de transposition, d'adaptation et d'épuration, et tenir compte des habitudes et des contraintes tout autant que de la volonté de rupture. En fait, « de plus en plus, les styles vestimentaires lancés par les jeunes générations [sont] adoptés après coup par les grands couturiers européens, qui leur [apportent] cependant quelques modifications. C'est seulement alors qu'ils [accèdent] à la production de masse et se [diffusent] progressivement dans le monde entier » (Steele, 1998 : 79). De cela, la mode hippie des années 1960 et 1970 témoigne bien. Alors que, pour de multiples raisons, une large frange de consommateurs ne souhaitait pas l'imiter trop directement, elle ne s'imposa et n'emporta un large marché que quand elle eut été adoptée (avec certaines nuances) par quelques grands couturiers.

Les évolutions récentes de la création vestimentaire et de ce qui l'entoure, ainsi que l'observation de la dialectique qui se tisse entre la rue et les ateliers, ne peuvent que rendre sensible à la capacité du couturier à créer des modèles et à son importance sociale. Mais cette importance sociale du couturier – ou, si l'on préfère, de celui que d'aucuns se plaisent à appeler aujourd'hui le « créateur » – est d'autant plus grande que la création vestimentaire s'inscrit dans un processus de création qu'on pourrait presque être tenté de définir comme collectif, cela beaucoup plus évidemment que n'importe quelle autre création contemporaine et sans même invoquer le fait que la mise en place d'une collection est un travail d'équipe. Loin, en effet, de ne proposer qu'une pluralité de modèles, elles résument tous ces modèles dans un modèle plus vaste, ou du moins dans un nombre réduit de modèles qui permettent, mieux que toute autre chose, d'identifier une époque au premier regard. Obéissant à un mystérieux air du temps, les couturiers, sans renier nécessairement leur particularité, convergent tous vers une tendance commune, ainsi qu'il a été souvent signalé. « On sait, résume Sonia Rykiel, qu'à un même moment, sans qu'aucun des créateurs ne se soit parlé ou vu, ils sortent des collections dont les thèmes sont très proches. Pourquoi ? Parce que les créateurs vibrent au même moment pour les mêmes choses, un film, un livre, un bonheur ou un drame dans le monde ».

Cet état de fait, non seulement appelle de lui-même une approche sociologique, et s'il était besoin la justifierait, mais donne l'imaginaire du vêtement et de la mode comme une voie d'accès hautement privilégiée aux mouvements et tensions divers qui, souterrainement, agitent une époque donnée, déterminent son ambiance et lui fournissent un style. La mode est peut-être frivole, mais alors, cette frivolité n'est pas sans vertu car elle figure – mieux, on l'a vu, préfigure – l'état de la société.

34 *Les images de mode sont-elles des figures du social ?*

Les images, en Occident, ont souffert jusqu'à une date récente d'une certaine défiance. Si l'on peut discuter le sens exact et la portée de cette défiance, on s'accorde le plus généralement pour la faire remonter à l'aristotélisme médiéval issu d'Averroès qui, en faisant « l'apologie de la "pensée directe" contre tous les prestiges de la pensée indirecte » (Durand, 1989 : 29-30), provoque la disparition presque totale du *mundus imaginalis* et de ses intermédiaires, ainsi que de l'imagination active, et inaugure une tradition philosophique fondée sur le rationalisme.

Cette tradition philosophique tour à tour dénoncera le caractère faux ou surtout dissimulateur de l'image et stigmatisera l'emprise qu'exercent sur elle les sens et les passions. Reprenant une critique déjà émise par Platon qui distingue entre « l'image qui renvoie directement à son référent, critère de vérité et de valeur, et l'image qui simule la conformité, la convenance, l'adéquation mais sans les réaliser » (Wunenburger, 1997 : 252), on insiste, à la Renaissance et à l'âge classique, comme Malebranche ou Pascal sur « cette propriété de l'image d'engendrer un espace illusoire, de créer un environnement de simulacres qui fait croire à la réalité des apparences » (*ibid.* : 254). D'autre part, on attribue, comme Kant, la perte de la conscience ou de la raison à la puissance de l'image qui fait glisser le sujet « insensiblement d'une rêverie fascinante à des états d'hallucinations » (*ibid.* : 258), on en fait le support à des émotions, des sentiments qui « induisent de fausses croyances » (*ibid.* : 259), ou encore on pointe, avec Montaigne, les méfaits d'une imagination qui peut être soumise à la toute-puissance du désir.

Cette défiance philosophique à l'égard de l'image qu'avait poursuivie et intensifiée, d'une manière plus ample, le désenchantement du monde engagé, selon Max Weber, par la Réforme est, aujourd'hui, en passe d'être levée. Parallèlement à l'essor des techniques qui a donné à l'image, par le biais de la photographie, du cinéma ou de la télévision, une place prépondérante dans le monde contemporain, une réhabilitation de l'image et de l'imaginaire comme intermédiaire entre le sensible et l'intelligible et principe de connaissance a été entreprise par des auteurs comme Gaston Bachelard, Henri Corbin, Mircea Eliade, Edgar Morin et Gilbert Durand, et si cette réhabilitation est sans doute encore loin d'être achevée, du moins a-t-elle déjà fourni des méthodes propres à l'analyse des images dans toute la richesse de leur contenu. Elle soulève au demeurant un nouveau débat. Dans une civilisation occidentale qui est devenue une civilisation de l'image, la prolifération même de cette dernière ne laisse pas de susciter quelques interrogations. Et, sans aller jusqu'à considérer qu'elle entraîne une confusion du réel et de l'image, le premier étant à proprement parler absorbé par la seconde, nombreux sont ceux qui voient dans cette prolifération un appauvrissement des plus inquiétants.

Dans la réhabilitation de l'imaginaire, de même que dans le débat actuel sur l'image, le champ de la mode offre un terrain d'observation très privilégié. Si, comme d'autres, il manifeste bien la prégnance contemporaine de l'image, il en livre aussi mieux que d'autres toute l'efficace sociale. Quand il implique le vêtement, l'imaginaire ne se contente pas en effet de déterminer le social; mais il est, on l'a vu, figuration du social. Loin toutefois de se donner comme une absorption du réel par l'image – ou même comme un appauvrissement du contenu symbolique de cette dernière –, c'est, tout au contraire, parce qu'il maintient nettement la distinction entre les deux niveaux en se désignant lui-même comme ce qu'il est que l'imaginaire de la mode peut figurer le social. Et, à cet égard, il est exemplaire. Non seulement il nuance les craintes de voir l'image tenir lieu de réalité, mais il apparaît pour le moins comme une approximation laïque, approximation aussi remarquable qu'inattendue, de ce *mundus imaginalis* refoulé par la modernité et, en tout cas, retrouve quelques-unes de ses fonctions essentielles. Il concilie en particulier dimension collective et profondeur symbolique. De fait, comme la plupart des images contemporaines, consommées passivement, les images de mode nous atteignent tous et s'inscrivent dans le quotidien de la vie, mais en même temps elles ont ce sens profond qui avait trouvé refuge jusqu'alors dans la création littéraire et artistique – denrée rare, à l'usage d'une élite – dont la fonction sociale qui n'a jamais été évidente se réduit au demeurant aujourd'hui de plus en plus. En d'autres termes, la mode, par le biais de ses images, tout à la fois emporte la ferveur populaire et, important foyer de création, devient un art à part entière dont elle a toutes les fonctions. Elle est créatrice « de figures et surtout de compositions, de tableaux qui lui sont propres, et qui ont peut-être l'importance de représentations populaires ou religieuses du passé, en ce qu'elle montre la beauté, la chair, la tension entre pudeur et impudeur, chasteté, tentation, plaisir, érotisme » (Elzingre, 1996 : 58).

35 *Quelle est la fonction des magazines et de la photographie de mode ?*

Les supports des images de mode sont nombreux. Il y a tout d'abord les défilés de haute couture et de prêt-à-porter. Mais il est extrêmement difficile de considérer les impressions visuelles rapportées par les quelques spectateurs de ce rite moderne et saisonnier, même si rien ne saurait sans doute remplacer la magie d'un défilé. Il pourrait être tentant, en revanche, de s'attarder sur sa représentation télévisuelle. On ne saurait négliger un nouveau médium qui prend de plus en plus d'importance : on sait qu'il existe désormais des chaînes de télévision américaines comme Fashion TV qui rendent compte entièrement des défilés, ou qu'une chaîne comme Paris Première, en France, si elle ne les couvre pas entièrement, leur consacre une part non négligeable de ses programmes. Mais le phénomène est malgré tout trop récent pour fournir une continuité suffisante et, par conséquent, un matériau vraiment utilisable pour une large étude – on notera que, sans même parler de programmes de télévision, l'habitude d'archiver les défilés sur cassettes vidéo ne remonte pas, pour la plupart des maisons de mode, avant 1981.

Aussi, sans même parler d'un support encore plus récent comme l'Internet, est-ce un support plus traditionnel qu'il est préférable de privilégier : en l'occurrence les magazines de mode. Outre que certains d'entre eux, les plus spécialisés, couvrent plus largement que la télévision les défilés, ils ont surtout l'avantage de l'antériorité et ont constitué depuis un demi-siècle au moins l'accès privilégié du plus grand nombre à l'univers de la mode. De ce fait, ils permettent une mise en perspective cohérente. Il faudrait du reste préciser : magazines de mode féminine, car si, depuis quelque temps déjà, les défilés de mode masculine – pour le prêt-à-porter tout du moins – et les magazines qui leur sont consacrés sont entrés dans les mœurs, c'est toutefois trop récemment et trop marginalement pour qu'il soit possible de leur accorder une place importante.

Qu'il couvre les défilés ou qu'il se contente de proposer une publicité pour tel couturier ou pour telle marque, un magazine de mode a une fonction sociale de toute première ampleur.

Dans le premier cas, le magazine de mode opère une sélection parmi les vêtements présentés sur les podiums et, dès lors, intermédiaire entre le couturier et le public, décide des modèles qui caractériseront une saison. Un mystérieux air du temps ferait-il déjà converger, chaque saison, les créateurs vers une tendance commune, cette tendance les journalistes et les photographes, sans en être vraiment conscients, ont, de toutes les façons, pour mission de la canaliser en dégageant tout ce qui chez un créateur en particulier y correspond et en laissant de côté tout ce qui n'y correspond pas.

Dans le second cas, en associant un cadre, un mannequin et une situation précis à une forme de vêtement bien définie selon un style photographique déterminé, le magazine contribue à créer une ambiance qui, si elle est reproduite à l'identique pour d'autres formes de vêtements, pourra aller, le cas échéant, jusqu'à identifier une époque.

Cette fonction sociale, qui incombe à l'ensemble des magazines assurant d'une manière ou d'une autre la promotion de la création vestimentaire, certains comme *Vogue*, *Harper's Bazaar*, *Women Wear Daily* ou encore *Elle* l'ont toutefois exercée à l'évidence plus que d'autres. Et, par conséquent, une étude sérieuse sur le vêtement et ses images non seulement ne peut faire l'économie du précieux matériau qu'ils proposent mais ne peut, fondamentalement, reposer que sur lui. *Vogue*, qui vient de fêter ses quatre-vingts ans, représente une mine et apparaît comme un outil aussi indispensable que privilégié. Dans les années 1950 et 1960, les lignes étaient établies par les rédacteurs de magazines pour les lecteurs de magazines. « *Vogue* annonçait la couleur de la saison et, alors, partout dans le pays, les boutiques présentaient des vêtements beige banane, rouge corail ou de toute autre couleur » (York, 1984 : 10). Et si, aujourd'hui, il partage cette fonction avec d'autres magazines, il n'est pas sûr qu'il ne l'exerce pas encore. D'autant qu'il s'est modernisé et démocratisé et que ses pages, qui en viennent souvent à ressembler à celles des magazines de mode les plus avant-gardistes comme *The Face* et *i-D*, sont susceptibles de toucher un plus large public.

36 *Comment la mode trouve-t-elle son inspiration dans d'autres civilisations ?*

Si, en matière de vêtement, les emprunts extérieurs ont certes toujours existé, jusqu'à une époque récente ces emprunts concernaient avant tout une matière brute : la soie, les cotonnades par exemple, plus tard le chinchilla ou la zibeline pour les fourrures, ou restaient limités à quelques accessoires ; ils ne touchaient pas en tout cas à l'essence même de l'habit européen, à ce qui faisait sa particularité et l'identifiait au premier coup d'œil : sa coupe, sa couleur, le dimorphisme sexuel sur lequel il repose. Et l'on sait que les tentatives de Paul Poiret au début du XXe siècle d'imposer un pantalon d'origine orientale pour les femmes restèrent infructueuses ou que, plus tard, celles d'Elsa Schiaparelli d'introduire le sari hindou, voire une jupe inspirée du dhoti, restèrent très limitées. Mais, depuis une trentaine d'années, ce sont des pans entiers du système vestimentaire de civilisations autres qui sont entrés dans le vestiaire occidental. Certains interpréteront ce phénomène comme la conséquence de l'avènement d'un prêt-à-porter destiné à la consommation de masse et seront tentés d'y voir une nouvelle frivolité de la mode qui, ayant épuisé toutes les combinaisons possibles de son registre propre, irait chercher ailleurs les moyens de son renouvellement. Mais ici cette frivolité, on le sait, a sa profondeur et est riche de bien des enseignements.

Ces vêtements que le jargon de la mode appelle « ethno » figurent en effet notre rapport à l'Autre et, à cet égard, nous renseignent, mieux peut-être que n'importe quelle autre création contemporaine, sur le regard qu'une société pose sur des cultures différentes. Au premier chef, ils expriment certes une ouverture au monde, mais, d'une part, cette ouverture ne se fait jamais que selon une optique et une finalité particulières et, d'autre part, la transformation qu'ils subissent pour s'adapter aux habitudes et aux codes occidentaux – car si le vêtement voyage il ne voyage pas sans transformation – trahit la manière dont est perçu l'Autre.

L'arrivée dans l'univers occidental de la mode d'éléments qui lui étaient jusqu'alors inconnus n'est pas sans accompagner cette ouverture au monde qui s'inscrit dans le vêtement. Les créateurs japonais qui font leur entrée sur la scène de la couture parisienne dès les années 1960, comme Hanaé Mori, ou dans les années 1970, comme Kenzo et Issey Miyake, de même que les mannequins noirs qui apparaissent sur les podiums durant cette seconde décennie ne modifient pas fondamentalement les images européennes de la mode, puisque les premiers travaillent pour le marché européen et s'adaptent à ses normes tandis que les seconds ne présentent jamais que des vêtements européens – mais du moins manifestent-ils déjà par leur présence même ce désir de sortir de cadres occidentaux désormais trop étroits et introduisent-ils sur les podiums, fût-ce encore très indirectement, comme un parfum d'Asie et d'Afrique.

Ce désir de briser les cadres occidentaux, c'est toutefois le vêtement lui-même qui l'exprime le mieux et qui se donne, dans les années 1960 et 1970, comme le lieu de l'exotisme moderne : dans un monde où l'exotisme a tendance à fuir la littérature et le cinéma, jusqu'alors ses vecteurs habituels, le vêtement en présente comme une métamorphose ultime – et sans doute quelque peu dérisoire, mais pas plus cependant que celle des dépliants touristiques – en inscrivant l'altérité sur le corps lui-même et dans l'ordinaire de la vie. Tandis qu'ils disent par un certain type de vêtement le désir moderne d'aventure – et à cet égard la légendaire « saharienne » d'Yves Saint Laurent présentée par Veruschka un fusil sur les épaules, dans une célèbre photographie de Franco Rubartelli, est évidemment exemplaire –, les couturiers vont chercher aux quatre coins de la planète de quoi alimenter leur créativité. Et il n'est guère de régions du monde qui échappent à leur investigation. Toutefois, si dans la collection « africaine » qu'Yves Saint Laurent présenta en 1967, les robes « bambara » ont pour origine une méditation sur l'art de l'Afrique noire (de même que certaines robes de la collection haute couture 1988 de Christian Lacroix voire, plus récemment, les modèles massaïs créés par John Galliano pour Dior), il reste toutefois que, au bout du compte, c'est ce qu'il était convenu d'appeler au XIXe siècle dans un sens très large l'Orient – de l'Afrique du Nord et de la Russie au Japon et à la Chine en passant par l'Inde et l'Afghanistan – qui fournira la source d'inspiration principale. Cette restriction en elle-même n'est déjà pas indifférente. L'Orient se présentant non pas comme l'Autre absolu de l'Occident, mais plutôt comme son reflet inversé, le même tout autant que l'autre, il est le lieu de toutes les répulsions mais aussi de toutes les fascinations ; et, dès lors, il constitue une tentation constante. Les valeurs qui y sont attachées sont celles que l'Occident a refoulées ou repoussées, et elles ont, par conséquent, une charge de contestation importante et se révèlent grosses de certaines potentialités. Les vêtements que les couturiers vont chercher dans un vestiaire oriental traditionnel n'échappent pas à la règle et apparaissent dans un premier temps comme l'expression symbolique de ces valeurs.

37 *Le vêtement que l'on emprunte à une autre civilisation définit-il notre rapport à celle-ci ?*

Création de couturiers, fût-elle de prêt-à-porter, tout autant que création spontanée de la rue, la mode hippie de la fin des années 1960 offre une première illustration, presque idéale de cette tentation orientale. Bien que faites de pièces disparates, les tenues des hippies ont beaucoup emprunté au Maroc d'une part, à l'Afghanistan et à l'Inde d'autre part. Or, ce que signifient les caftans et les sarruels marocains, les chemises et les robes indiennes ou les manteaux afghans qui apparaissent alors, ce sont cette communion et cette spiritualité qu'une génération en révolte contre les valeurs du monde occidental (son individualisme et son matérialisme en tout premier lieu) recherche dans les mysticismes orientaux et, ce qui n'est pas incompatible, dans les paradis artificiels, car les lieux d'origine des vêtements sont aussi ceux des drogues les plus consommées. Les apparences extérieures se trouvent mises en conformité avec une culture qui convoque le soufisme, l'hindouisme ou le bouddhisme et emprunte aux usages orientaux de consommation de kif ou de haschich, comme si, avant de rentrer dans les croyances et les mœurs d'un peuple ou d'une civilisation, il convenait tout d'abord de rentrer dans ses vêtements. Et quand bien même, sacrifiant une fois encore au vieux préjugé de la superficialité du vêtement, on considérerait que les Occidentaux ne se contentent, au mieux, que de mimer les Orientaux dans leur paraître sans en adopter les croyances ou le mode de vie, on se verra toutefois contraint d'admettre que cette mode venue d'Orient fonctionne pour le moins comme le signe, superficiel peut-être mais néanmoins parfaitement explicite, d'une quête.

Dans les mêmes années, quelques créations plus isolées apportent un témoignage similaire. Sans doute l'introduction par Pierre Cardin en 1968, dans le vestiaire occidental, de la veste à col mao est-elle, en fin de compte, très éphémère, mais elle trahit néanmoins une certaine fascination, qui n'est pas seulement celle du couturier, pour la Chine contemporaine. Mieux, alors que les vêtements indiens ou marocains de la mode hippie apparaissent comme les emblèmes des options philosophiques et sociétales d'une époque, la veste à col mao prend, elle, une dimension plus proprement politique. Elle exhibe le communisme chinois comme la seule alternative réaliste et praticable à une société capitaliste dont une large frange de la jeune génération remet en cause les fondements et les fonctionnements. Qu'une position idéologique s'exprimait à travers ce col emblématique, c'est au demeurant ce que ne manqueront pas de confirmer au début des années 1970 certains journalistes de mode français qui, parce qu'ils veulent rompre avec l'univers capitaliste, vantent et portent les tenues de travail chinoises, celles du pauvre coolie.

L'appel à des éléments du vestiaire oriental et extrême-oriental signifie plus, donc, que la simple contestation d'un système vestimentaire. Il résume et illustre à la fois celle de tout un système de pensée, de toute une manière d'être ensemble, voire de toute une organisation de la production et du travail. Mais quel que soit le champ d'extension de ce vestiaire, assez large dans le cas de la mode hippie, limité à des cercles plus restreints dans le cas de la veste à col mao, son sens initial est toutefois vite transformé. Le succès de son introduction en Occident ne se fait du reste qu'au prix de cette transformation et passe par toute une opération d'accaparement et de redéfinition.

Si l'on s'attarde tout d'abord sur les vêtements que les hippies empruntent au Maroc, à l'Afghanistan ou à l'Inde, on s'accordera à penser qu'ils ne se sont implantés dans le paysage vestimentaire quotidien que dans la mesure où ils ont perdu, en partie ou en totalité, leur pouvoir de représentation. En d'autres termes, il a fallu que le symbole soit vidé de son contenu, que soit oublié ce qu'il symbolisait, pour qu'il puisse être pleinement accepté. Ce travail d'oubli une fois accompli, le Maroc ou l'Inde ne sont plus cette tentation de l'Occident, ce double à la fois fascinant et inquiétant, mais un simple univers exotique aux couleurs chatoyantes et aux matières rares et luxueuses. Très vite, s'habiller en chemise indienne ou en caftan marocain n'ouvre plus sur un monde autre mais signifie tout simplement être à la mode. On comprendra dès lors que, ainsi vidées de leur signification première, ces images puissent être intégrées décisivement dans une sorte de mémoire de la mode et reprises à l'occasion. Sans même parler de tentatives récentes, et à vrai dire plutôt avortées, de relancer une mode hippie, les choix exotiques des années 1960 ont ouvert la voie à des vêtements qui désormais ne connotent plus que la volupté, le faste, le raffinement, au demeurant seule vision du Maroc et de l'Inde que l'Occident veuille paradoxalement retenir, comme en portent témoignage certaines collections d'Yves Saint Laurent essentiellement réalisées à partir de très beaux tissus marocains.

Le processus de transformation qui, inexorablement, vide le vêtement « exotique » de sa signification première, se livre avec plus de netteté encore dans le cas plus particulier de la veste à col mao. Contrairement à l'interprétation politique que, dans les années 1970, certains ont pu faire, en Europe, de l'habit de travail chinois, la création de Pierre Cardin est loin de se donner, à travers la contestation des codes vestimentaires occidentaux, comme une contestation de la société capitaliste et comme un appel à l'avènement d'une société organisée selon les normes maoïstes, paradis des masses laborieuses. Elle a déjà opéré, en elle-même, une transformation. Si elle est bien une remise en cause de certaines habitudes vestimentaires qui se sont imposées depuis plus d'un siècle, en l'occurrence celle, pour l'homme, du port de la cravate, elle n'a pas d'autre ambition révolutionnaire et s'inscrit au contraire dans un système de valeurs qui est celui des sociétés libérales d'Occident. On conviendra volontiers en effet que, loin de signifier le travail laborieux des rizières ou de l'usine, elle signifie tout au contraire le loisir et l'oisiveté. Davantage. Plutôt que de signifier l'uniformité de la condition humaine et l'égalité devant l'emploi agricole, industriel ou tertiaire, elle signifie aussi la distinction qui, dans le système vestimentaire mis en place depuis le XIXe siècle par la bourgeoisie, apparaît comme le moyen de la singularisation masculine.

Les vêtements que l'Occident emprunte à l'Orient sont significatifs, on le voit, du regard que le premier porte sur le second. Non seulement ils témoignent des valeurs qui sont prêtées aux civilisations regardées, mais, par la transformation qu'ils subissent, ils mettent en évidence la logique culturelle et politique de la civilisation regardante. Mais à ce double mouvement vient encore s'ajouter une nouvelle perspective, non exclusive des précédentes. Ce que donnent à voir deux des collections de haute couture les plus remarquées des années 1970 qui, en lançant comme une invitation au voyage, ont à proprement parler déclenché dans la mode un goût pour le folklore, ce n'est plus, en effet, l'Orient des rêves mystiques et politiques de l'Occident, ni l'Orient réduit à la mesure de l'Occident, mais un Orient lieu d'expression de certains des fantasmes de l'Occident. Si la collection « Opéra-Ballets russes » pour l'hiver 1976 d'Yves Saint Laurent, de même que sa collection « Opium » pour l'été 1978, convoquent respectivement la Russie et la Chine, loin de renvoyer d'une manière ou d'une autre à une réalité politique et culturelle immédiate, c'est une Russie et une Chine du temps passé, lieux de toutes les fantaisies, qui sont convoquées. Les vêtements somptueux à dominante noire et aux formes douces et amples qui sont proposés dans le défilé des « Ballets russes » donnent l'image d'une Russie de féerie, paradis de luxe et de volupté. Devant les cent dix modèles composés de manteaux cosaques brochés de fils d'or et garnis de zibeline, de chapkas de vison et de bottes de cuir or, de robes « babuschkas » multicolores, de longues jupes tziganes en soie ou en taffetas vertes ou noires, de turbans rouges ou roses, de boléros, de caracos ou de corselets de velours, etc., certains commentateurs parleront de style « paysan riche ». De même opposera-t-on moins de deux ans plus tard, à l'occasion de la collection « Opium », le style « chinois riche » au style « chinois pauvre » dont la vareuse au col mao avait été l'emblème. De fait, cette collection de 1978 ne le cède en rien à celle de 1976 pour ce qui est du luxe. Les vêtements sont ceux de la magnificence supposée et en tout cas fantasmée de la Chine impériale. Mais, dans l'une et l'autre de ces deux collections on oublie vite, à vrai dire, la Russie et la Chine, d'une part parce qu'elles se soucient peu de la vraisemblance et de l'exactitude historique, d'autre part, parce qu'elles proposent un voyage beaucoup plus extraordinaire qui est un voyage à l'intérieur de l'imaginaire d'une époque. Ce qui reste, c'est en effet une vision de décadence et de chaos où tout se mêle et où l'opulence le dispute à la violence et à la destruction. Avec cette vision, c'est bien entendu aussi une image de la femme, en rupture avec celle de la décennie écoulée, qui est mise en avant. Désormais, elle est tour à tour déesse inaccessible, femme fatale ou femme de harem, autant d'images de cette féminité dominatrice et inquiétante qui caractérisera les années 1980.

38 *Comment la mode trouve-t-elle son inspiration dans d'autres époques ?*

Si la dimension temporelle est déjà présente dans bien des images de mode qui, depuis une trentaine d'années, exploitent le thème exotique – la Chine impériale par exemple – la relation au temps apparaît en elle-même comme une des relations privilégiées, voire obligées, du vêtement contemporain. Sans doute pourrait-on, bien entendu, déjà découvrir cette relation, indirectement, dans les contraintes que la mémoire de la mode fait peser sur tout créateur, celles de certaines traditions ou d'un certain bon goût forgé par le regard habitué. On sait en effet que jamais il n'est permis de s'abstraire de ce qui a préexisté et que, quand bien même on se poserait contre, ce serait encore le convoquer. Pas plus qu'il n'est permis d'oublier les attentes du public. Mais, évidemment, la relation au temps se livre bien plus directement encore dans les images de vêtements anciens qui fournissent une source d'inspiration de plus en plus importante à la création vestimentaire moderne, si bien que la mode contemporaine n'en finit pas de se tourner vers le passé. Ce regard vers le passé n'épuise cependant pas à lui seul toute la relation au temps. Celle-ci est en fait beaucoup plus riche qu'on pourrait tout d'abord le penser. Non seulement, d'une façon qui est très loin d'être accessoire, elle inclut aussi le futur, mais elle s'organise avec une remarquable constance autour d'une forme d'éternel présent. En effet, la mode, depuis les années 1960, d'une part a continûment cherché à se projeter dans l'avenir, des combinaisons de cosmonaute aux vêtements « techno » les plus récents, et, d'autre part, a toujours privilégié l'adolescence et la jeunesse presque jusqu'à s'identifier avec elles.

Ce qui se lit dans cette relation que la mode contemporaine entretient avec le temps, c'est avant tout l'angoisse de mort. Sans doute la constitution, dans les années 1960, de la jeunesse en catégorie sociale – dernier avatar, au demeurant, de l'institution par la bourgeoisie, au XIXe siècle, de l'adolescence comme période de transition entre l'enfance et l'âge adulte – apparaît-elle déjà en elle-même comme une mise à distance de la mort, qui, du fait des progrès du bien-être matériel, apparaît dans le monde occidental comme de plus en plus scandaleuse. Faire des caractéristiques de la jeunesse autant de vertus à même de régénérer la société dans son ensemble, n'est-ce pas en effet tenter de conjurer symboliquement l'inexorable déroulement de la vie ? Mais la mode qui accompagne l'épiphanie de la jeunesse comme catégorie sociale le manifeste encore mieux. Elle se donne clairement comme projet de dire la vie au maximum de sa force et de sa plénitude, comme désir d'éternelle jeunesse. Ce qu'exprime par exemple l'invention de la mini-jupe, ce vêtement d'adolescente puis bientôt de femme emprunté au vestiaire des enfants, c'est peut-être, avant toute autre chose, un désir d'arrêter le temps et de rester figé dans celui de l'innocence et des origines. De même ne semble-t-il pas tout à fait hors de propos, avant d'interpréter l'abandon du soutien-gorge comme une libération des contraintes qui pèsent sur le corps de la femme, puis comme une posture érotique, de le considérer comme un alignement de la femme adulte sur la manière d'être dans son corps de la petite fille et, par conséquent, comme un retour vers l'enfance.

Ce désir d'arrêter le temps que les années 1960 manifestent par une mode qui prend au vêtement de l'enfant, les décennies suivantes le déclineront autrement. C'est, en particulier, en mêlant dans un même vêtement différentes époques historiques, et en cherchant donc à capter tous les temps dans un unique objet, que la création de mode des années 1980 et 1990 manifeste un désir qui, plus encore que d'arrêter le temps, est celui de l'annuler.

Certaines des créations récentes de Christian Lacroix et de Jean-Paul Gaultier sont à cet égard très remarquables. On n'en retiendra comme exemples particulièrement illustratifs, pour le premier, que cette robe haute couture de la saison 1987-1988 baptisée « Cigale » qui emprunte tout autant au costume traditionnel arlésien du XVIIe siècle qu'au style des années 1950, ou, pour le second, que cet étonnant modèle de la collection printemps-été 1995 qui procède par un collage d'époques : robe de bal inspirée des années 1950, bottines 1900, renard années 1940 et tee-shirt à tatouage années 1990. Sans doute, né des rues de Seattle au début de la décennie 1990, le *grunge,* qui prône la disharmonie et réutilise les vieux vêtements les plus divers, peut-il être interprété lui aussi en ce sens. Mais il introduit toutefois une tonalité particulière, négative, mortifère, celle d'un désespoir qui, tout en cherchant à annuler le temps, n'ignore pas qu'il lui faudra compter avec lui.

La mode contemporaine sait, de fait, fort bien jouer avec le temps. Quand elle ne se lirait pas comme son arrêt ou son annulation, elle exprime au moins sa sortie. Elle excelle en effet à fuir le présent en cherchant son inspiration dans les formes vestimentaires du passé ou en cherchant à imaginer ce que seront celles de l'avenir. Cette fuite peut certes apparaître d'une manière générale comme le refus d'une réalité insatisfaisante et, par suite, comme la volonté de se réfugier à travers ses vêtements dans les valeurs d'une autre époque. Mais elle peut aussi poser des relations d'équivalence entre l'époque présente et l'époque convoquée, et se donner comme l'interprétation de la première par la seconde.

39 *Quel sens peut-on donner au vêtement que l'on emprunte à d'autres époques ?*

La veine « rétro » des années 1990 qui a envahi très massivement la mode mérite à l'évidence d'être considérée d'une manière générale comme une fuite du présent. Sans doute pourrait-on objecter qu'elle est suscitée par une féroce compétition commerciale qui, parce que l'enjeu est la survie de chaque marque, justifie plagiats, récupérations et nostalgies de toutes sortes. Mais, au-delà de – ou avec – ces considérations strictement commerciales, on ne manquera pas de lire un authentique malaise. L'appel à un passé qui, loin de renvoyer à une époque précise, convoque indifféremment et anarchiquement les années 1920, 1930, 1940, 1950 – ce qu'il est plus particulièrement convenu d'appeler le « rétro » –, la Renaissance, le XVIIIe siècle, l'époque Directoire, la Belle Époque et jusqu'aux proches – et décisives pour la mode – années 1960 et 1970, bref tout ce qui peut faire oublier un quotidien insupportable, n'est pas en effet sans s'apparenter à une recherche désespérée d'évasion et de rêve.

En revanche, c'est bien plutôt comme une interprétation d'une époque par une autre qu'apparaissent le futurisme des années 1960 ou, dans les années 1970, une collection particulière mais significative d'une tendance. Ce que manifestent les combinaisons spatiales d'André Courrèges, les robes métalliques de guerrières de l'espace de Paco Rabanne, jusqu'aux vêtements inspirés par un psychédélisme ouvert sur le cosmique, c'est, sinon une foi aveugle dans un futur meilleur, en tout cas un certain espoir dans les progrès technologiques et une certaine confiance en l'avenir ; par suite, ils se placent sous le signe du progrès et du modernisme. Inversement, la collection « Années 40 » d'Yves Saint Laurent non seulement marque une rupture dans le progressisme de l'époque antérieure et invente à proprement parler le « rétro », mais elle définit par avance la décennie qui s'ouvre. Elle la donne tout autant tournée vers le passé que vers l'avenir, comme une pause, en fait, dans les expérimentations futuristes les plus diverses et comme une tentative de les équilibrer avec les valeurs du passé. De plus, elle établit un pont entre les années qui vont venir et celles de l'immédiat après-guerre : de même que les secondes se caractérisaient tout à la fois par l'aspiration à un retour à la banalité du quotidien et par un intense désir de vie après les épreuves de la guerre, les premières se caractériseront par l'aspiration à retrouver un rythme plus apaisé après les séismes des années 1960, mais en même temps par le désir de s'engouffrer dans les voies que celles-ci ont ouvertes.

D'une manière beaucoup plus ponctuelle, les inspirations « XVIIIe siècle » en 1977 d'un Karl Lagerfeld, « Renaissance » en 1981 de Gianni Versace, ou encore, dans les années 1980, « science-fiction » de Thierry Mugler ne sont pas sans définir non plus quelques tendances d'une période. Ainsi, la référence au XVIIIe siècle semble devoir caractériser triplement les dernières années de la décennie 1970 : en plaçant celles-ci sous le signe de la splendeur des parures et des tissus de l'Ancien Régime, sous le signe, donc, d'un faste vestimentaire qui vaut également pour les hommes et pour les femmes et qui ne va pas sans un certain libertinage. De même, on pourrait s'attendre à ce que, en convoquant la Renaissance italienne, Gianni Versace suggérât un monde de violence et de sensualité mais aussi d'art, d'élégance et de raffinement à même de caractériser les années 1980. Quant à l'inspiration « intergalactique » de Thierry Mugler, qui renoue avec l'inspiration spatiale, elle donnerait cette même décennie comme une décennie de technologie mais aussi de foi intense dans le progrès.

Toutefois, comme c'était déjà le cas précédemment de la relation entre l'Occident et l'Orient, très rarement la relation temporelle transfère purement et simplement les valeurs d'une époque vers une autre. Pour dire l'esprit du temps, les créateurs jouent bien plutôt avec la référence au temps, la soumettent à leurs aspirations et la vident le plus souvent de toute substance – au mieux ne retiennent qu'une ambiance. Occulter le signifié du vêtement ancien pour n'en garder que le signifiant est, au demeurant, une opération particulièrement prisée de la décennie 1990. Si, par leur prolifération même, les modes historiques ne disent plus, on l'a vu, qu'un désir de fuite hors du présent, elles ont tendance par ailleurs à se vider aussi des valeurs qu'elles semblaient à même de véhiculer, et le plus souvent ne signifient plus rien. Et quand le signifié ne serait pas occulté, son sens initial est pour le moins détourné, retourné. La réutilisation de la crinoline, des faux culs ou du corset par certains couturiers contemporains est à cet égard un fort bon exemple. Loin de signifier une adhésion aux valeurs des époques auxquelles ils appartiennent – celles d'une femme contrainte, dépendante et réduite à un rôle d'objet –, les jupes poufs et les crinolines de Christian Lacroix, les faux culs de Vivienne Westwood, les corsets de Jean-Paul Gaultier, Thierry Mugler, Alexander Mac Queen et de quelques autres en prennent bien plutôt le contre-pied. Si Lacroix propose, dans sa première collection haute couture de 1987, des crinolines, ce sont toutefois des minicrinolines, ce qui est loin d'être indifférent. Renouer avec une splendeur vestimentaire passée est en effet la seule relation que le couturier établit avec le XIXe siècle, car, en la miniaturisant, non seulement il intègre la modernité (celle de la minijupe), mais il enlève à la crinoline toutes les contraintes et la sujétion de la femme qu'elle figurait pour lui faire signifier la femme libre et conquérante, sûre de sa féminité, des années 1980. C'est plus délibérément encore que Thierry Mugler et Jean-Paul Gaultier reconsidèrent le corset, cet autre vêtement du XIXe siècle. Non seulement les corsets d'escrimeuse que le premier dessine pour sa collection automne-hiver 1996-1997 ne renvoient pas au passé et à ses valeurs, mais ils se projettent directement dans le futur, en suggérant l'image d'une femme de l'espace dominatrice. Quant au second, qui doit une partie de sa célébrité au fait d'avoir dessiné pour Madonna son fameux corset de satin rose lacé, avec bonnets en forme d'obus, non content déjà, comme en provocation, d'intégrer le corset dans sa collection « Les Rabbins chics », il en inverse carrément la fonction : alors que le corset avait traditionnellement pour fonction de mettre en valeur les seins en les remontant, le sien tout au contraire les écrase et les dissimule.

Quand c'est le futur que convoque la mode des années 1980 et 1990, celui-ci est alors le plus souvent un support très privilégié pour l'expression des peurs occidentales. Si l'inspiration cosmique de Thierry Mugler dessine l'image d'une féminité quelque peu menaçante, pour le reste elle ne met encore en représentation, dans les nombreuses publicités qui promeuvent les vêtements de la marque, que des images stéréotypées mais neutres de science-fiction où dominent la verticalité, l'acier et le verre. En revanche, l'inspiration dans les années 1990 d'autres créateurs met en scène un monde à venir autrement inquiétant et, ce faisant, traduit cette angoisse qui, souterrainement, travaille l'époque. C'est le monde d'après une catastrophe nucléaire auquel renvoie la collection « Mad Max » de l'automne-hiver 1995-1996 de Jean-Paul Gaultier, ainsi que les tenues « ère postnucléaire », déstructurées, tachées et déchirées d'un Yohji Yamamoto ou d'un Issey Miyake. Si le premier s'inspire d'un célèbre film des années 1980, les seconds semblent répondre aux prédictions du romancier américain William Burroughs qui, en 1969, avait prédit que le futur chic serait fait de vêtements superbes, mais tachés et déchirés.

40 *Le rapprochement des vestiaires masculin et féminin a-t-il une fonction sociale ?*

Contre les idées reçues qui ont fait d'elle le lieu de la superficialité et de l'absence de sens, la mode apparaît, on le voit, comme un instrument d'observation privilégié du rapport qu'entretient le monde occidental avec les autres civilisations d'une part et de la manière dont il gère son rapport au temps et à la mort d'autre part. Si la mode et ses images figurent donc les mouvements qui agitent le social, elles peuvent aussi participer à son changement. Ainsi, elles ont non seulement participé largement à la redéfinition contemporaine des rôles des sexes et au remodelage des identités sexuelles, mais aussi, à l'évidence, constitué en ces domaines l'élément décisif et joué un rôle moteur. Et, par conséquent, tout autant qu'une dimension sociologique, elles prennent également une dimension psychologique d'importance qui a rarement été considérée à sa juste valeur.

La caractéristique la plus immédiatement repérable de la création vestimentaire des trois dernières décennies est, on le sait, la remise en cause du dimorphisme sexuel (système ouvert pour les femmes, système fermé pour les hommes) sur lequel le vêtement occidental reposait depuis le Moyen Âge et que le XIXe siècle avait contribué par ailleurs à renforcer, en plaçant l'austérité du côté masculin et en laissant au féminin seul la couleur et la fantaisie. Comme on l'a vu à la question 15 (« Vers une mode unisexe ? »), il y a eu rapprochement plutôt que fusion des vestiaires masculin et féminin, et c'est surtout du fait de l'annexion du premier par le second que ce rapprochement s'est effectué, encore que le passage dans l'autre sens ne soit pas aussi négligeable qu'on peut le penser de prime abord. Quoi qu'il en soit, ce rapprochement n'est certes pas indifférent. Il a sa sanction sociale et détermine le rapprochement des rôles masculin et féminin.

L'accaparement, en particulier, du vestiaire masculin par les femmes définit leur accaparement de rôles sociaux anciennement réservés à l'homme. Si la robe qui astreint la femme à la retenue est bien l'habit qui l'a mise à sa place dans la société et qui l'a tenue à l'écart de toute activité autre que maternelle, l'adoption du pantalon, en toute bonne logique, a pour effet de la libérer physiquement et psychologiquement de ses contraintes – « de lui permettre de vivre sans serrer les genoux » – et de l'insérer dans le circuit des activités qui lui étaient jusqu'alors refusées : les activités économiques bien évidemment, mais aussi d'autres activités comme les activités sportives. Il y a plus encore toutefois. Au-delà des rôles sociaux à proprement parler, c'est l'identité de la femme qui se trouve ainsi transformée.

De fait, pour peu que l'on considère que le sentiment d'être femme tient « à la cohérence entre la façon dont le sujet en question se sent femme (auto-perception), dont elle le manifeste à autrui (représentation) et dont autrui lui signifie qu'il l'identifie comme telle (désignation) », on comprend alors « le rôle fondamental du vêtement : zone frontière entre intériorité et extériorité, il est l'instrument par excellence de ce travail d'ajustement identitaire. Aussi est-il d'autant plus investi, et d'autant plus problématique, qu'un tel travail est rendu nécessaire par la distorsion entre ces moments de l'interaction qui font ce sentiment d'identité » (Heinich, 1996 : 333). Dès lors, sans doute n'est-ce pas totalement sans fondement que l'on estimera que « le vêtement est [...] une question beaucoup plus féminine que masculine, comme en témoigne ne serait-ce que l'embarras de choix existant en matière de tenues pour femmes, ou la teneur des conversations » et que « cette dimension féminine de la question vestimentaire [...] est l'indice d'une sensibilité particulière à une condition identitaire plus difficile, plus problématique, plus délicate à gérer pour les femmes qu'elle ne l'est pour les hommes » (*ibid.* : 334). Il reste que, quand bien même elle serait peut-être moins cruciale et moins dramatique que pour la femme, la fonction identitaire du vêtement est loin d'être nulle pour l'homme et que la mode depuis trente années a tout autant décidé du remodelage d'une identité masculine, beaucoup plus fluctuante du reste qu'on a bien voulu le dire (cf. Monneyron, 1998), ou en tout cas a contribué à manifester en pleine lumière quelques-unes de ses caractéristiques jusqu'alors souterraines.

41 *Comment le vêtement remodèle-t-il les identités sexuelles ?*

Si le vêtement figure une recomposition des rôles des sexes – une large irruption des femmes dans des territoires jusqu'alors masculins et, dans une moindre mesure, une imprégnation de l'univers masculin par certaines valeurs féminines –, les identités sexuelles qu'il définit sont toutefois loin de simplement tendre vers l'androgynie. C'est, à la limite, presque le contraire.

Ce que la féminisation du vêtement masculin manifeste en tout premier lieu, c'est en effet l'essence féminine d'une certaine façon d'être homme, alors que la masculinisation du vêtement féminin n'est bien souvent qu'une autre manière, paradoxale mais efficace, de dire la féminité.

Aussi discrète soit-elle, l'utilisation d'éléments du vestiaire féminin par l'homme a pour résultat de dégager le principe de la séduction masculine. Car séduire, pour un homme, c'est fatalement passer par le féminin. Au XVIIIe siècle, c'est principalement dans la tactique même de séducteurs comme Lovelace, Valmont ou Casanova que se lit cette effémination. Mais si, déjà au XIXe siècle, le dandy se pose en figure de la séduction, c'est précisément parce qu'il a intégré dans son physique, par le biais de son habillement, ou pour le moins par le soin qu'il y porte, quelque chose de la féminité nécessaire (Monneyron, 1997). Or, à nouveau, ce que la féminisation du vêtement masculin à partir des années 1960 met en évidence avec plus de force encore et, en tout cas, sur une échelle sociale plus large, c'est la dimension féminine essentielle à la séduction masculine qu'illustreront à la scène et à l'écran Jim Morrison photographié dans la fourrure de Gloria Stavers en 1969, Mick Jagger dans sa *party dress* du concert de Hyde Park en 1969 également ou Helmut Berger qui posera pour les sahariennes et les tuniques d'Yves Saint Laurent. Par suite de ce renoncement à la raison « phallique » du vêtement masculin, l'homme entre de plus en plus dans le domaine de la beauté et, de sujet du désir, devient objet de désir. Objet, il l'est, au demeurant, tout autant du désir hétérosexuel, en se posant pour les femmes comme figure séduisante, que du désir homosexuel, puisque les représentations occidentales qui se mettent en place à la fin du XIXe siècle font, on l'a vu à la question 33, de l'effémination un signe et un gage d'homosexualité. Et se trouve dès lors redessinée une identité masculine dont la bisexualité apparaît comme la forme sexuelle normale. De cette redéfinition par le vêtement de l'identité masculine est emblématique l'itinéraire d'un David Bowie qui, au début des années 1970, emprunte à l'envi aux femmes parures et accessoires divers jusqu'à se faire photographier en robe sur la pochette d'un de ses disques, pour finir... par proclamer sa bisexualité et en faire une philosophie de vie.

« Je veux trouver pour les femmes un uniforme équivalent au complet-veston d'homme » avouait Yves Saint Laurent en 1969. Et l'on sait que cet uniforme sera le tailleur, tailleur déjà lancé par Chanel mais que Saint Laurent reprendra et popularisera. Si le tailleur de femme, coupé dans les tissus secs des costumes d'homme, retrouve les fonctions de ceux-ci, il n'est pas pour autant un alignement sur le masculin et une aliénation de la féminité. Bien au contraire. Nombreux sont ceux qui le considèrent comme le vêtement le plus féminin qui soit, plus encore s'il a pour inséparable, comme chez Saint Laurent, la blouse, transparente ou non. En tout cas, il est loin de définir un genre masculin et un genre masculin-féminin entre lesquels l'*executive woman* serait partagée, et il n'est pas même besoin que sous lui, « le porte-jarretelles "coquin", le bas soyeux [soient] les signes de la féminité conservée » (Pagès-Delon, 1989 : 51), car c'est en soi qu'il apparaît comme le signe de la féminité. À l'inverse du tailleur-jupe, le costume pantalon ou le smoking appartiennent entièrement au système fermé du vestiaire masculin, mais sur la femme ils disent eux aussi la féminité absolue. Yves Saint Laurent qui, bien plus encore que le tailleur, a contribué, dès 1967, à les imposer, l'avait d'ailleurs pressenti. « Un pantalon, c'est une coquetterie, un charme supplémentaire, pas un signe d'égalité ou d'affranchissement » ; « Une femme en costume pantalon est loin d'être masculine » (cité par Benaïm, 1993 : 188, 304). Avec le temps, cette hyperféminité du corps de la femme dans le vêtement masculin apparaît du reste comme une véritable évidence. Ainsi en va-t-il, par exemple, pour la version du costume « masculin-féminin » de Giorgio Armani, dont les campagnes de publicité souligneront la féminité et qui deviendra l'uniforme de la femme des années 1980 et 1990.

Tout se passe, on le voit, comme si le grand mouvement vers l'androgynie qui caractérise la mode de ces dernières décennies butait sur les sexes physiques; davantage, comme si les sexes physiques récupéraient à leur profit ce mouvement vers l'androgynie. Mais la féminisation du vêtement masculin et la masculinisation du vêtement féminin ne définissent pas à elles seules les identités masculine et féminine.

C'est tout d'abord une nouvelle représentation, et par suite une nouvelle identité sociales de l'homosexuel que le vêtement a, depuis la fin des années 1970, contribué à mettre en place. Alors que l'homosexualité, considérée depuis la fin du XIXe siècle comme une inversion, avait trouvé dans la féminisation vestimentaire et physique sa représentation privilégiée, elle se lit désormais tout aussi bien dans des vêtements qui connotent la force virile ou montrent les muscles. Ce sont le cuir, voire les chaînes, qui identifient dans un premier temps les gays de San Francisco puis plus tard d'autres communautés homosexuelles des États-Unis, et qui, repris et donc comme institutionnalisés par plusieurs créateurs dont le plus illustratif est Versace avec ses bottes de gladiateur, définissent désormais le monde de l'homosexualité comme un monde de pure virilité, presque guerrière, duquel toute référence féminine est exclue. C'est aussi, plus récemment, une mode issue du Marais parisien ou d'autres quartiers homosexuels des grandes villes occidentales qui privilégie les vêtements militaires : *battle-dress pants* et autres accessoires, ainsi que les pantalons moulants, les débardeurs et les cols roulés sans manches mettant en valeur les muscles des bras et du torse. Que cette mode destinée initialement aux homosexuels ait trouvé, une fois prise en charge par quelques créateurs, un large public hétérosexuel, ne l'empêche pas de changer – ou en tout cas d'élargir – l'image de l'homosexuel qui, de l'hybride du « troisième sexe », devient le prototype même du mâle. Simplement invite-t-elle à retrouver une virilité impossible à la séduction hétérosexuelle. Car il reste que le vêtement définit une identité masculine qui cultive la virilité selon que sa séduction s'adresse à l'homme et la féminité selon qu'elle s'adresse à la femme.

42 *Quelles images de la femme la mode contemporaine livre-t-elle ?*

Contrairement à une opinion courante, l'identité féminine manifeste une stabilité bien plus grande que l'identité masculine. Et c'est tout l'intérêt d'une sociologie de l'imaginaire vestimentaire que de le révéler. Les images de mode livrent en effet des images traditionnelles de la femme en Occident, des images issues des mythes et simplement réadaptées aux conditions de la modernité. Elles définissent ainsi une identité féminine que les changements sociaux ne semblent guère affecter, organisée d'une manière générale autour du couple idéalisation/dépréciation. Ces images se ventilent toutefois différemment selon les périodes considérées.

Si l'on considère les années 1960, en dehors du pantalon qui, s'il permet à la femme d'intégrer les rôles sociaux de l'homme, ne remet nullement en question son identité féminine, ce qui caractérise l'époque est un vêtement qui va successivement la poser comme pureté et innocence et comme incarnation du sexuel. La minijupe est de fait tout d'abord la transposition sur les femmes d'un vêtement d'enfant, et à cet égard, elle transpose aussi sur les femmes les caractéristiques attribuées à l'enfance, celles de pureté, d'innocence, et même, par suite, de virginité. Mais ces caractéristiques angéliques se retournent vite. Parce qu'elle joue sur un voilé-dévoilé qui se donne comme la mesure du désir de l'homme, elle n'exclut pas la sensualité et apparaît même bien vite comme un instrument d'incitation au commerce de la chair et celle qui la porte devient la tentatrice, la femme qui s'assurera de la maîtrise de l'homme par la sexualité, voire la prostituée. Les minijupes ont du reste changé. À la minirobe ample des premières collections de Courrèges et, par conséquent, encore calquée sur les vêtements des « baby dolls », succède une minijupe plus courte et plus moulante, beaucoup plus suggestive, désormais émancipée de son modèle initial, et par suite vêtement de femme émancipée, sûre d'elle-même et consciente de son sex-appeal. On remarquera au passage que l'abandon du soutien-gorge qui suit de peu la mode de la minijupe pourrait être interprété de la même façon. De fait, si cet abandon mérite tout d'abord d'être considéré comme un autre alignement sur le corps prépubère et l'asexualité supposée de celui-ci, il a vite pris une dimension érotique, surtout quand il s'inscrit dans un jeu de transparence ou de décolletés comme chez Saint Laurent.

La mode des années 1970, quant à elle, proposera de nouveau ces deux images de la femme. Mais, plutôt que de les donner dans la succession, elle les juxtaposera, ou plus exactement l'une impliquera automatiquement l'autre. Et cela de plusieurs manières. Si le retour remarqué et critiqué, dès 1970, de la jupe longue redonne une image, sinon asexuée et virginale, du moins plus sage et plus respectable de la femme, s'y superpose presque aussitôt l'image beaucoup plus provocante que suscite la jupe longue certes mais fendue très haut sur les cuisses, voire jusqu'à l'entrejambe. De même en va-t-il pour le style folklorique et champêtre, annoncé la même année par les premières collections de Kenzo, qui trouve presque aussitôt un large écho dans la rue et dont l'esprit se poursuivra pendant les deux tiers de la décennie. Tout en proposant une image naturelle et candide de la femme, les ponchos indiens, les vestes afghanes, les chemises roumaines, plus tard les jupes rétro et les chemisiers de grand-mère lui donnent en effet également l'image d'une séduction qui tient son pouvoir d'une immense liberté, mais d'une liberté qui, parce qu'elle suggère celle des corps, prend une coloration sexuelle avec toutes les connotations que cela implique. Saint Laurent, dont la collection « rétro » n'est pas sans avoir contribué à cet état d'une mode dont il a su tirer la quintessence, déclarera en 1986, en se rappelant l'époque : « Jamais les femmes, dans les films, sur les photos, n'ont été aussi attirantes. Parce qu'elles avaient l'air libres, décidées, heureuses. Peut-être parce qu'elles attendaient de l'avenir des lendemains merveilleux, et que ça leur allumait les yeux. Ça faisait claquer gaiement leurs talons hauts, elles redécouvraient avec ravissement la soie, les couleurs, le plaisir de s'habiller, le plaisir de plaire. Elles se fichaient royalement de la mode avec un grand M. Comme moi » (cité par Benaïm, 1993 : 248).

Si les années 1970 peuvent être considérées comme la dépréciation d'une idéalisation, c'est bien plutôt comme l'idéalisation de la dépréciation que se donnent les années 1980. De fait, l'image féminine que façonnera la mode de cette nouvelle décennie sera celle d'une femme incarnation du sexuel et consciente de l'effet qu'elle exerce sur les hommes. Cette image s'esquisse dès la fin des années 1970 chez Saint Laurent avec la collection « Ballets russes » et la collection « Opium » dans lesquelles la femme est tour à tour déesse implacable, femme fatale ou femme de harem, tandis que la rue redécouvre les bas couture ou les bas résille et les hauts talons. Mais c'est toutefois à la mode de Thierry Mugler, dont l'inspiration emprunte tout autant aux *comic-strips*, à la science-fiction qu'aux comédies hollywoodiennes qu'il reviendra de l'installer décisivement dans le paysage quotidien et de définir ainsi une féminité dominatrice et inquiétante propre à la décennie 1980, à l'évidence projection dans l'imaginaire de la peur masculine que fait naître la place de plus en plus importante que prennent les femmes dans la vie sociale et économique. Si le tailleur qui concilie les séductions du féminin et la fonctionnalité du masculin retrouve déjà par lui-même quelque chose de l'ambiguïté qui était celle des femmes fatales de la fin du XIXe siècle, le créateur alsacien jouera sur ce registre et le poussera jusqu'à ses limites ultimes. Il propose en effet, avec ses tailleurs « trotteurs » très structurés, aux épaules larges et aux jupes étroites et fendues, qui mettent en valeur chaque forme, l'image d'une femme à la fois terriblement attirante et sûre d'elle-même et de son pouvoir.

Cette femme à l'allure fatale viendra encore de temps à autre hanter le début des années 1990. Mais, syncrétique dans sa relation au temps, la dernière décennie du siècle l'est tout autant dans les images de la femme qu'elle déploie. Et de même que ce syncrétisme exprimait une volonté de fuite hors du temps, il exprime également une identité féminine fuyante. L'absence d'un modèle féminin dominant auquel il soit possible de s'identifier est particulièrement bien signifiée par le renoncement de la plupart des magazines de mode à dégager un modèle unique. Au mieux se trouvent juxtaposés quelques rôles, traditionnels ou nouvellement acquis, de la femme et les identités qui vont avec, comme dans ce dossier où à la traditionnelle « femme maîtresse », très sexualisée, en « cuir, fourrure, tailleurs courts, talons hauts » répondent deux images d'une femme non moins femme mais beaucoup moins sexualisée, presque désexualisée : la « maîtresse femme » qui dans le monde des hommes triomphe « par l'esprit et l'intelligence » et qui compte « sur des vêtements à la personnalité forte » comme « une robe manteau en gabardine […] mais doublée de mousseline » ou la « femme égale de l'homme » dont les tailleurs, jupes ou pantalons oscillent entre « effet séduction avec de la dentelle ou de la soie, effet femme d'affaires avec un chemisier plus classique » (*Vogue*, septembre 1997 : 178 *sq.*).

43 *La mode figure-t-elle les relations d'une société à la sexualité ?*

Les images de mode sont donc tout à fait déterminantes dans la formulation, mais aussi dans la (re)construction et la (re)définition des identités masculine et féminine. Leur rôle, toutefois, ne s'arrête pas là. Au-delà d'une construction identitaire, elles livrent aussi un tableau privilégié des relations d'une époque donnée à la sexualité, mieux peut-être, la voie d'accès par excellence à cette époque. Ce qui se lit en effet dans le vêtement, ce sont les aspirations mais aussi les angoisses de l'homme envers une sexualité où s'éprouve sa vie. Décrire l'itinéraire du vêtement, c'est par conséquent également faire l'histoire des représentations de la sexualité.

Quand bien même une logique interne à l'opération de séduction opposerait séduction et sexualité et rendrait la seconde pratiquement incompatible avec la première (Monneyron, 1997), on considérera que la capacité à séduire constitue un préalable obligé à la consommation charnelle. Or, dans le désir de séduire, le vêtement joue une place importante, pour ne pas dire prépondérante, car il apparaît, à tort ou à raison d'ailleurs, comme pouvant l'aider ou le favoriser. Aussi le vêtement à travers lequel opère la séduction est-il dès lors un indicateur des plus fiables de la manière dont se conçoit et se vit la sexualité.

« Le mot séduction a remplacé le mot élégance. C'est une façon de vivre plus que de s'habiller », remarquait Yves Saint Laurent vers la fin des années 1960. Ce passage d'une élégance largement codifiée, qui a ses règles et ses contraintes sociales, à une séduction plus anarchique, qui n'obéit qu'aux lois mystérieuses du désir, est très significatif. Et, de fait, ce que dit la mode de l'époque puis, d'une manière différente, celle des années 1970, c'est bien une façon de vivre et, en tout premier lieu, une façon plus spontanée et plus libre de vivre la sexualité. Outre qu'elles multiplient, principalement pour la femme, les possibilités de choix vestimentaire, ce qui est déjà en soi l'affirmation d'une liberté et symboliquement l'expression d'une ouverture à toutes les expériences, elles constituent l'aboutissement extrême d'un important changement commencé une cinquantaine d'années auparavant. Tandis que, jusqu'aux années 1920, le corps était enfoui sous les robes, le changement s'accélère très fortement à partir de 1965. Des innovations particulièrement spectaculaires – la minijupe et les transparences d'une part, les vêtements moulants comme le jean d'autre part – viennent bouleverser le paysage vestimentaire. Or ce bouleversement implique évidemment aussi un bouleversement des mœurs : un corps qui s'exhibe succédant à un corps qui se cachait ne manque pas d'introduire une relation à la sexualité différente, à une sexualité non plus vécue dans l'ombre et la honte, mais exhibée au grand jour comme affirmation de la vie. Que ces innovations aient pu choquer les tenants de l'ordre moral ou qu'elles aient pu, au contraire, être brandies comme les emblèmes d'une révolte contre ledit ordre moral montrent bien du reste qu'au-delà d'une révolution vestimentaire se jouait aussi une révolution des mœurs. Sans doute trouvera-t-on la meilleure preuve de cet enjeu sexuel du vêtement avec le short qui fait son apparition dans la mode au début des années 1970, mais, à l'évidence parce qu'il combine d'une manière ostentatoire, plus que tout autre vêtement, l'exposition de la nudité et le moulant, sera rapidement décrié et, ensuite, associé à la prostitution.

Cette libération sexuelle, la mode de la fin des années 1970 et de la première moitié des années 1980 la dit encore, mais y ajoute quelques touches nouvelles. La nudité et le moulant qui soulignent l'anatomie et disent la liberté des corps continuent certes d'orienter la création, mais, comme s'il devenait soudain entendu que, face à un public désormais blasé, ils ne suffisaient plus à connoter le sexuel, se trouvent aussi réintroduits des éléments de séduction passés mais éprouvés, surtout des accessoires. Ainsi, alors que, à la fin des années 1970, les couturiers rivalisent de transparences et que, dans les années qui suivent, le moulant se décline sous toutes ses formes (des combinaisons sculptées par le corps féminin d'Azzedine Alaïa aux collants et justaucorps des salles d'aérobic et de gymnastique), réapparaissent – tout d'abord chez les punks – les talons hauts qui, s'ils n'avaient pas complètement disparu du paysage vestimentaire, soit appartenaient à un registre spécialisé, celui de la prostitution, soit subsistaient sous une forme euphémisée, comme les chaussures à semelles compensées. Symboles, pour beaucoup, de la féminité, les talons hauts, s'ils restituent à la femme allure et élégance, sont aussi le signe d'une sexualité féminine raffinée qui oscille entre domination et asservissement. Ce que suggère la mode des années 1980 en superposant cet artifice traditionnel de la séduction à une nudité jugée jusque-là naturellement séduisante, c'est une sexualité libérée certes, mais également plus perverse où sadisme et masochisme, à l'instar des photographies de Helmut Newton, apparaissent comme une ultime transgression des interdits en même temps qu'un aboutissement obligé et un effet pervers de la libération sexuelle.

C'est un tout autre rapport à la sexualité que révèle, en revanche, la mode des années 1990. Sans doute toute la panoplie vestimentaire des perversions sexuelles y est-elle encore représentée mais elle prend un sens différent et, surtout, elle est éclipsée par une tendance générale qui n'est plus à la libération des mœurs. Expression privilégiée d'un imaginaire recomposé par l'apparition de l'épidémie de sida, la mode des dix dernières années du XXe siècle s'inscrit en effet sous le signe de l'antiséduction et, par conséquent, de l'antisexualité.

On pourrait lire déjà cette évolution dans une évolution économique. Toute volonté de séduction se double d'une volonté de consommation, mais pas seulement de consommation charnelle : elle pousse à la consommation de tout ce qui peut l'aider ou la favoriser, en particulier de vêtements qui renforcent les avantages physiques ou, au contraire, pallient les handicaps et, d'une manière générale, tout ce qui touche, de près ou de loin, à l'industrie de la mode. Or, quand bien même, en Occident, cette industrie resterait prospère, on observe depuis quelques années le recul très sensible et très significatif de la consommation en habillement, qui signifie donc un moindre investissement dans la séduction et dans ce qu'elle vise. Mais c'est encore la mode contemporaine elle-même qui, symboliquement, apporte la meilleure preuve de ce refus de consommer. Si la mode a pour essence de ne jamais durer pour toujours se renouveler et pour fonction la dépense – dans tous les sens du terme – alors aujourd'hui la mode n'est plus une mode. Elle est repli, à la fois renoncement à séduire et refus de consommer comme le manifeste évidemment à la perfection le *grunge* qui cache les corps, prône la disharmonie en refusant les notions d'élégance et de séduction et réutilisant les vieux vêtements.

Certaines réalisations de la création vestimentaire la plus contemporaine sont également très significatives d'une évolution qui se caractérise par le refus de toute séduction et par la mise à distance de la sexualité. Quelques-unes des créations si originales de Vivienne Westwood pour qui les hardes de miséreux ont pu constituer des modèles pourraient déjà en fournir un exemple, mais d'autres l'illustrent mieux encore. Ce sont les robes-manteaux noires de Rei Kawakubo (Comme des garçons) qui masquent entièrement la silhouette, ou tout un style d'inspiration monacale que l'on trouve aussi bien chez les créateurs japonais que chez certains créateurs européens. Sans doute trouve-t-elle du reste son stade ultime et son emblème dans une tentative comme celle de Martin Margiela qui, en déconstruisant le vêtement – il laisse les doublures apparentes et des effilochures, voire des épingles à nourrice et du scotch – déconstruit aussi tout ce qu'il signifiait et avait pour fonction de signifier, en l'occurrence séduction et sexualité.

Le passage de la séduction des années 1960 et 1970 à son refus dans les années 1990, qui s'affirme dans l'itinéraire du vêtement, pourrait au demeurant être observé également dans celui du sous-vêtement. Mieux, celui-ci, et particulièrement celui de la femme qui « exploite toutes les ressources de l'imaginaire » et illustre « une sémantique sensuelle » (Saint-Laurent, 1986), présente de ce passage comme un résumé aux significations plus immédiatement lisibles encore (cf. Monneyron, 2001 : 100 *sq.*).

44 *Quelles méthodes utiliser pour étudier l'imaginaire ?*

L'imaginaire de la mode révèle les larges orientations d'une société dans ses rapports au monde et à soi d'une part, et dans sa manière de concevoir les relations entre les sexes et la sexualité d'autre part. Et ces résultats invitent d'eux-mêmes à aller plus loin. Aussi, pourvu qu'on s'en donne les moyens méthodologiques, l'imaginaire en question fournit-il également la possibilité de pénétrer sous la surface sociale, dans les profondeurs sociétales, et de dégager les schèmes, les archétypes et, par suite, les grandes structures anthropologiques qui définissent une époque et lui donnent son sens. Ce faisant, il rend possible en outre une périodisation précise que les démarches précédentes n'ont fait qu'esquisser et, si l'on conserve une même perspective temporelle d'investigation, il procure les instruments adéquats pour identifier les « phases de la dynamique socioculturelle » des sociétés occidentales depuis une quarantaine d'années. Cette herméneutique, le cadre conceptuel que fournit la théorie de l'imaginaire développée par Gilbert Durand permet de la conduire. Mieux, l'imaginaire de la mode qui retrouve, dans nos sociétés postmodernes, quelques-unes des fonctions essentielles de ce *mundus imaginalis* refoulé par la modernité occidentale, apparaît comme un terrain d'expérimentation privilégié, et pourtant encore peu fréquenté, des méthodes durandiennes d'analyse.

Gilbert Durand considère que l'imagination humaine représente, figure et symbolise essentiellement les visages du temps et de la mort, afin de réduire l'angoisse existentielle qui est liée aux expériences du temps. Et, par conséquent, en plus de créer des images du temps et de la mort eux-mêmes, « la fonction d'imagination est avant tout une fonction d'*euphémisation* mais non pas simplement opium négatif, masque que la conscience dresse devant la hideuse figure de la mort, mais bien au contraire dynamisme prospectif qui, à travers toutes les structures du projet imaginaire, tente d'améliorer la situation de l'homme dans le monde » (Durand, 1989 : 118). Dans *Les Structures anthropologiques de l'imaginaire*, il soutient qu'« il existe une étroite concomitance entre les gestes du corps, les centres nerveux et les représentations symboliques », et qu'il faut dès lors se « placer délibérément dans ce que nous appellerons le trajet anthropologique, c'est-à-dire l'incessant échange qui existe au niveau de l'imaginaire entre les pulsions subjectives et assimilatrices et les intimations objectives émanant du milieu cosmique et social » (Durand, 1984 : 38). S'appuyant sur les travaux de réflexologie, il distingue trois « dominantes réflexes » fondamentales : la dominante posturale, la dominante digestive et la dominante sexuelle qui, à l'autre extrémité du trajet anthropologique, orientent les représentations symboliques, la première, vers « les matières lumineuses, visuelles et les techniques de séparation, de purification dont les armes, les flèches, les glaives sont les fréquents symboles » ; la seconde, vers « les matières de la profondeur : l'eau ou la terre caverneuse », suscitant « les ustensiles contenants, les coupes et les coffres », et inclinant « aux rêveries techniques du breuvage et de l'aliment » ; la troisième, enfin, vers « les rythmes saisonniers et leur cortège astral en annexant tous les substituts technique du cycle : la roue comme le rouet, la baratte comme le briquet », « tout frottement technologique » étant finalement surdéterminé « par la rythmique sexuelle » (*ibid.* : 55). Il arrive dès lors à répartir les images fomentées par l'imagination humaine qu'organisent différents schèmes, définis comme « généralisation[s] dynamique[s] et affective[s] de l'image » (*ibid.* : 61) en trois grands ensembles structuraux : les structures schizomorphes ou héroïques qui relèvent du régime diurne de l'imaginaire, les structures mystiques et les structures synthétiques qui, elles, relèvent toutes les deux du régime nocturne. Les structures schizomorphes qui s'expriment par le symbolisme de l'élévation, de la lumière, du combat sont au nombre de quatre : la première se caractérise par le déficit pragmatique, la seconde par la *Spaltung* entendue comme « le comportement représentatif de “séparer” », la troisième par la géométrisation, la quatrième par l'antithèse (*ibid.* : 209 *sq.*). Les structures mystiques, qui s'expriment par le symbolisme de la descente, de l'intimité, du blottissement, sont elles aussi au nombre de quatre et se caractérisent respectivement par le redoublement et la persévération, la viscosité des éléments représentatifs, la sensorialité des représentations, la minutie et la mise en miniature (*ibid.* : 308 *sq.*), alors que les quatre structures synthétiques, qui « intègrent en une suite continue toutes les autres intentions de l'imaginaire » (*ibid.* : 399) et s'expriment par le symbolisme du cycle et du progrès, se caractérisent par l'harmonisation des contraires, la dialectique, l'histoire et le progrès (*ibid.* : 400 *sq.*).

45 *Comment appliquer ces méthodes aux images de mode ?*

Du fait qu'ils recueillent l'ensemble des images créées, les deux régimes et les trois grandes structures de l'imaginaire isolés par Gilbert Durand dans *Les Structures anthropologiques de l'imaginaire* peuvent servir à définir toute formation imaginaire quelle qu'elle soit. Mais il importe néanmoins de les adapter à l'objet visé et, en l'occurrence, de les transposer sur le terrain particulier du vêtement et de la mode. Même s'il est vrai que le vêtement n'existe et ne devient réellement image que sur un corps, il ne saurait être inutile, à titre expérimental si l'on peut dire, de distinguer tout d'abord les images ébauchées par le vêtement en lui-même et les images de mode qui impliquent un mannequin, voire un contexte photographique particulier.

Les impressions visuelles qui se dégagent de la forme, de la couleur, de la matière, des motifs d'un vêtement, auxquels il faudrait peut-être ajouter les différents accessoires qui l'accompagnent (sac, chapeau, chaussures ou bijoux), peuvent déjà être interprétées en termes d'images et, par suite, relever de la classification en genres structuraux. On peut ainsi considérer que relèvent tout d'abord du régime diurne et des structures schizomorphes des vêtements qui, d'une manière ou d'une autre, renvoient symboliquement au temps et à la mort. Il s'agira, bien évidemment, du vêtement de couleur noire qui, dans le symbolisme vestimentaire occidental, est associé au deuil, mais aussi, encore que moins évidemment, de tout habit et tout accessoire qui, parce qu'il est fait en peau de bête (comme un manteau de fourrure et des chaussures en crocodile) ou parce qu'il rappelle par ses motifs la peau d'une bête, convoque indirectement une symbolique thériomorphe, significative des peurs humaines primordiales. Dans les structures à proprement parler schizomorphes du même régime diurne, mais cette fois en tant qu'antithèse de la mort, rentrera tout vêtement imposant, ample, volumineux, vêtement d'apparat le plus souvent, ou tout vêtement contraignant le corps, l'un et l'autre peu pratiques à porter et beaux exemples de déficit pragmatique. Appartiennent également à cette catégorie les vêtements qui jouent sur l'opposition voilé/dévoilé, comme la minijupe ou la jupe fendue ou, d'une manière générale, sur la séparation. De même enfin, tout vêtement qui, par sa forme ou ses motifs (les rayures par exemple), sacrifie à la géométrisation doit y être rattaché.

De la même façon, il est possible de considérer que vont dans le sens d'« une volonté d'union et un certain goût de la secrète intimité » (Durand, 1984 : 308), caractéristiques des structures mystiques du régime nocturne, les vêtements privilégiant les redoublements et les emboîtements comme les robes à superposition de volants, les drapés et les plissés ; ceux qui, adhérant au corps ou faits dans des tissus particuliers, donnent l'impression de la viscosité, comme certaines combinaisons de latex ou de matière synthétique ; ou ceux encore pour lesquels a été pris un soin méticuleux du détail et qui reposent, par exemple, sur un travail minutieux de broderie ou d'incrustation. Tout aussi nettement doivent être rapportés à ces structures les tissus colorés, « toute la richesse du prisme et des gemmes » (*ibid.* : 250) se déployant dans le régime nocturne alors que, dans le régime diurne, est préférée « au chatoiement de la palette la nette dialectique du clair-obscur » (*ibid.*). Sans doute est-ce moins évidemment que peuvent être identifiés les vêtements qui, relevant du second ensemble structural, appartiennent au régime nocturne de l'imaginaire. Il reste que l'on peut admettre que rentrent dans les structures synthétiques les formes vestimentaires qui tendent à effectuer une synthèse des contraires ou qui reposent sur une dialectique. Si l'on retient l'opposition masculin/féminin, fondée sur l'opposition fermé/ouvert, on pourra de fait estimer qu'appartient aux structures synthétiques toute création qui cherche à l'abolir ou à la dépasser. D'une manière peut-être moins nette, mais tout aussi intéressante, la tentative de confrontation, et, par suite, d'harmonisation ou de juxtaposition de vêtements (ou d'une matière et d'une forme) appartenant à deux traditions culturelles différentes, occidentale et orientale par exemple, peut également entrer dans ce cadre. Enfin, le recours à des vêtements anciens qui opèrent la relation entre le passé et le présent ou la projection dans le futur qui assure la maîtrise sur le temps méritent d'illustrer les deux dernières structures synthétiques de l'histoire et du progrès.

On peut certes opposer à ces quelques orientations un certain nombre d'objections, celle, par exemple, qu'une forme interprétée en termes de structures schizomorphes ou de structures synthétiques peut fort bien s'accorder avec une couleur, une matière ou des motifs interprétés, eux, en termes de structures mystiques, ou encore celle que l'appartenance d'une forme vestimentaire nouvelle à telles ou telles structures, incontestable au moment de son apparition ou de sa vulgarisation, n'est plus aussi évidente au fur et à mesure où elle s'intègre dans le paysage vestimentaire quotidien. Et il importe donc, pour répondre à ces objections, de croiser les éléments d'identification des structures de l'imaginaire du vêtement : forme, couleur, matière et motifs, en particulier à mesure que l'on avance dans les décennies (pour une discussion plus approfondie de ces questions, cf. Monneyron, 2001 : 113 *sq.*). Mais il est bien évident que, d'une manière générale, entrent également en ligne de compte d'autres éléments, extérieurs cette fois au vêtement proprement dit. Il est temps, en effet, de réintroduire celui qui le porte et la façon dont il est porté, ou, si l'on préfère, le mannequin et le contexte photographique, provisoirement mis de côté, qui aident à donner un sens à ce que disait déjà le vêtement, bref de considérer l'imaginaire de la mode et non plus seulement celui du vêtement.

Ce sont plus particulièrement peut-être par le biais d'un mannequin ou d'un « scénario » adéquats, les visages du temps et de la mort que permettent d'introduire ce qu'il convient d'appeler désormais les images de mode. Ainsi, tout autant que la couleur noire et les motifs animaliers, un mannequin comme la blonde Jerry Hall a pu incarner à l'évidence pour Thierry Mugler cette féminité mortifère et inquiétante. Mais ces images de mode révèlent aussi, fût-ce indépendamment des vêtements qu'elles promeuvent, des structures schizomorphes, mystiques ou synthétiques. Pour en rester à Thierry Mugler, on remarquera par exemple que les photographies de mode qui célèbrent sa marque sont systématiquement organisées autour des symboles de l'ascension et de la verticalité (gratte-ciel, montagnes escarpées, etc.) ou autour de ceux de la coupure et de la séparation (objets contondants de métal, matériaux en verre, etc.) propres aux structures schizomorphes. Inversement, on trouverait bien des photographies qui redoublent ou décident des structures mystiques d'un vêtement en introduisant un élément aquatique ou en jouant sur les différents symboles de l'intimité.

46 *Quels sont les grands* trends *de l'imaginaire de la mode ?*

Si elle s'appuie sur ces quelques principes méthodologiques, l'étude d'un vaste corpus d'images de mode peut alors être conduite avec toute la rigueur souhaitable. Et, menée à partir du dépouillement systématique des numéros de *Vogue* consacrés depuis 1965 au prêt-à-porter et à la haute couture comme je l'ai moi-même tenté (Monneyron, 2001), elle permet l'identification de *trends*, significatifs des aspirations et des angoisses qui, à une période donnée de l'histoire, agitent souterrainement les sociétés considérées.

C'est très largement que les images de mode produites par la période 1965-1970, haute couture et prêt-à-porter confondus, relèvent du régime diurne de l'imaginaire et, plus particulièrement, de structures schizomorphes. Sur l'ensemble des images analysées, plus de 80 % appartiennent en effet à un univers héroïque, les quelque 20 % restants se répartissant à proportion à peu près égale entre univers mystique et synthétique. Que ce soit sur le vêtement lui-même ou par le biais du mannequin qui le porte et de la situation dans laquelle il est porté, on assiste le plus souvent à une saturation d'éléments héroïques. Outre la représentation marginale d'une féminité fatale ou la symbolique thériomorphe de manteaux en panthère, autant de visages du temps et de la mort, dominent très largement les symboles propres aux structures schizomorphes du régime diurne. Aux symboles spectaculaires et diairétiques véhiculés par les vêtements et les mannequins s'ajoutent les symboles ascensionnels des décors photographiques et, par suite, les figures de la séparation, de l'antithèse ou du géométrisme qui dominent dans les vêtements et les images de vêtements apparaissent comme autant d'avatars d'un rationalisme et d'une aspiration prométhéenne au déficit pragmatique souvent important. Les minijupes qui jouent sur l'antithèse voilé/dévoilé, les robes géométriques ; les rayures et les carreaux, souvent blancs et noirs ; l'utilisation de matières métalliques, les bottes ou cuissardes de cuir, tout cela, on le sait, caractérise en effet la période, avec des mannequins, assez souvent d'origine scandinave, à la blondeur solaire qui posent pour des photographies publicitaires dans un décor marqué par la verticalité, le gigantisme, le ciel, l'espace, ou par la lumière et le soleil.

Si les images qui peuvent être rapportées au régime nocturne de l'imaginaire sont très largement minoritaires, les quelque 20 % d'images de mode qu'elles représentent ne sont pas toutefois sans annoncer la période suivante. De fait, dès le début des années 1970, les éléments « héroïques » s'estompent presque totalement au profit d'autres éléments appartenant incontestablement au régime nocturne. Les quelques rares modèles qui sacrifient à l'occasion à la minijupe ou à son avatar, la jupe longue fendue, bien plus rarement à la géométrisation, aux rayures et aux carreaux, ou au cuir, se voient rapidement submergés par les maxi-jupes, les robes longues et les tailleurs-pantalons; par des imprimés (de fleurs en particulier), des incrustations, des broderies, des redoublements, des juxtapositions; par une gamme élargie de couleurs. Dans une large mesure, la mode des années 1970 se caractérise donc par des images qui se ventilent à parts sensiblement égales entre structures synthétiques et structures mystiques. Mais, dans ce contexte, il convient toutefois de distinguer la haute couture du prêt-à-porter. C'est en effet surtout la haute couture qui suscite, majoritairement sinon exclusivement, un univers synthétique, en jouant sur la dialectique et l'harmonisation des contraires, en ayant recours à l'histoire et en promouvant des formes et des matières toujours mieux adaptées à la vie moderne et, à ce titre, synonymes de progrès, le tout sur fond de sensualité et de sexualité. En revanche, le prêt-à-porter est plus partagé. Si, comme la haute couture, il encourage la synthèse des sexes, en l'occurrence par la vulgarisation du pantalon, moins évidemment celle des cultures, à mesure qu'on avance dans la décennie il favorise les longues jupes et robes à plis, à superposition de volants ou à frou frous, en mousseline ou en tissus légers, et d'une manière générale les vêtements englobants, les couleurs, les motifs floraux, les matières souples et confortables, autant d'éléments symboliques de cette « volonté d'union » avec la nature et d'un « certain goût de la secrète intimité » caractéristiques des structures mystiques. Cette forte prégnance, tout au long des années 1970, des structures synthétiques et mystiques dans les images de vêtement, la photographie de mode ne la contredit pas, mais l'accompagne et la renforce. C'est déjà une légère mais sensible modification dans les mannequins. Aux types souvent solaires et lumineux inséparables des créations « héroïques » des années 1960 succède un ensemble beaucoup plus divers de filles à même de représenter l'androgynie et la sensualité ou de suggérer l'éternel féminin et l'intimité maternelle, jusqu'à ce que l'introduction des mannequins africains au cœur de la décennie ne vienne apporter une note « nocturne » plus décisive encore. Mais, plus fondamentalement, on observe surtout un total changement de l'inspiration photographique. Les extérieurs majestueux et le plus souvent urbains, marqués par la verticalité, de la période précédente font place à un décor beaucoup paisible et plus intime, en accord avec les structures mystiques des vêtements, celui d'intérieurs ou d'une nature paysagée où domine l'élément liquide.

C'est à partir des éléments « synthétiques » des images véhiculées par la mode des années 1970 que se recompose l'univers héroïque qui va dominer entre 1981 et 1987. De fait, après une transition, entre 1978 et 1981, où 70 % des images relèvent de structures synthétiques contre 30 % encore de structures mystiques ou déjà de structures schizomorphes, on assiste ensuite à un retour en force du régime diurne dans 70 % ou plus des occurrences. Dans cette transition, le prêt-à-porter milanais, qui fait une irruption remarquée sur la scène internationale de la mode vers le milieu des années 1970, occupe une place importante. Fondé sur la dialectique des sexes (le tailleur Armani) et la synthèse des époques (l'inspiration Antiquité ou Renaissance de Versace), la sensualité (les formes déstructurées et les matières légères), il évolue vite vers un imaginaire où les symboles de l'ascension, de la lumière ou de la séparation répondent à ceux de l'animalité et de la nuit. Mais, désormais, l'ambiance des images compte plus que les formes, les couleurs et les matières, et il devient difficile de marquer un départ systématique entre les images de vêtement et les images de mode. Tout au plus peut-on distinguer deux séries principales d'images. Celle où le vêtement prend son sens dans une translation métonymique et diachronique du contenu sur le contenant : parce qu'il fut le vêtement de tel ou tel type de femme fatale, conquérante ou autoritaire du passé, réelle ou fictive, il incarne désormais en soi ce type de féminité et, par conséquent, il peut se suffire à lui-même ou, en tout cas, au mannequin qui le porte et, dans le cadre d'une éventuelle promotion publicitaire, se satisfaire d'un décor d'intérieur. Celle où, à l'inverse, il se trouve dans une relation métaphorique et synchronique avec des éléments qui lui sont extrinsèques : un vêtement qui, par sa forme ou sa matière, implique déjà un univers héroïque, non seulement appelle un scénario et un prolongement publicitaire, mais encore s'accommode d'un décor extérieur dont les images glissent sur des structures elles-mêmes héroïques. Ces deux séries caractérisent fortement la décennie 1980. Les créateurs exploiteront largement la première. Les références à la vamp et à la star hollywoodiennes ou aux héroïnes des films noirs des années 1930 ou 1940 sont fréquentes et les fourreaux noirs ou les tenues panthère ou léopard de la première, les tailleurs pied-de-poule ou prince-de-galles, les trench-coats et les imperméables des secondes fournissent comme des modèles premiers à partir desquels se développe tout un ensemble de vêtements. La seconde série d'images n'est pas moins manifeste. Peut-être même déploie-t-elle avec plus de force encore, comme en compensation aux sombres et mortifères figures féminines, sa symbolique ascensionnelle et spectaculaire. Quand des vêtements, parce que vêtements d'inspiration guerrière, ne disent pas d'eux-mêmes un univers héroïque, ils trouvent de fait dans l'imagerie des photographies de mode ou des plaquettes publicitaires qui les mettent en scène la traduction métaphorique de leur signification. Ainsi, aux vêtements somptueux et majestueux et aux vêtements contraignant les corps, qui doivent être considérés comme des exemples de déficit pragmatique, correspondent le plus souvent des images de ville, de montagne ou de désert, aux lignes verticales, à la luminosité extrême et aux contrastes violents.

Cet univers héroïque de la mode des années 1980 trouve assurément son apogée en juillet 1987 avec la collection haute couture de Christian Lacroix qui, avec la majesté de ses formes et le luxe de ses tissus, fut d'une somptuosité rarement égalée et, avec ses références méditerranéennes, comme une quête de la lumière et du soleil. Et sans doute connaît-il des prolongements bien au-delà, ne serait-ce que par la starification des mannequins qui commence à se mettre en place à ce moment-là et qui se prolongera jusqu'au milieu de la décennie suivante, ce qui ne saurait être complètement sans effet sur les créateurs et, par suite, sur la création elle-même. Pourtant, quand bien même la haute couture, libérée des contraintes du prêt-à-porter et prête à toutes les expérimentations, tendrait d'elle-même, à l'exemple de Christian Lacroix, vers l'apparat et le majestueux, l'« héroïque » donc, c'est sous le régime nocturne que ne tardent pas à se placer la plupart des images de mode, qu'elles procèdent de la haute couture ou du prêt-à-porter. Si elles se partagent encore, jusqu'au début des années 1990, entre régime diurne et régime nocturne, elles s'organisent ensuite presque exclusivement – souvent à plus de 80 % – autour de structures synthétiques et de structures mystiques. Ce sont en effet la confusion des époques, des cultures, des genres, si ce n'est celle des sexes, la juxtaposition des couleurs et des motifs les plus détonants qui caractérisent la mode depuis lors. À tous les niveaux des images : au niveau des vêtements eux-mêmes comme à celui des mannequins – toutes les ethnies et tous les métissages se croisent dorénavant sur les podiums – ou à celui des photographies de mode qui multiplient et, parfois, juxtaposent les décors les plus divers. Mais sur ce fond synthétique qui devient la norme et, dès lors, finit par ne plus être pleinement significatif, c'est plus encore un univers mystique qui se dégage. Redoublements, superpositions, draperies, plissés, robes swinguantes ; pastels ; matières tactiles, fluides, féminines, luisantes, satins lubrifiés ; imprimés, broderies, dentelles même, se multiplieront pour se combiner et susciter des images de femme qui vont de la traditionnelle et aérienne sylphide, ou d'un ensemble de figures romantiques, à des images très diverses, moins habituelles, difficiles à définir ou même inédites. En outre, la prégnance des structures mystiques dans la mode la plus contemporaine des années 1990 se manifeste également avec force par l'exigence du confort, d'une relation de quasi-fusion avec son vêtement et, dès lors, par le développement d'un certain nombre de matières comme la viscose qui y répondent, car « à ce niveau mystique ce n'est plus la forme qui importe, mais la matière, mais la substance » (Durand, 1984 : 317) puis, au-delà, par le *sportswear* comme modèle hégémonique du prêt-à-porter et du négligé vestimentaire actuel. À l'inverse, cette prégnance peut se lire aussi dans les expérimentations apparemment les plus éloignées des fonctions pragmatiques du vêtement, y compris même de sa fonction première : celle de pouvoir être porté. Ce sont, bien entendu, les protubérances, les déformations et les prothèses les plus diverses cultivées par bien des couturiers, et qui semblent parfois renvoyer à la maternité, mais c'est aussi une mode qui oscille entre art conceptuel et réflexion sur le vêtement.

47 *Comment interpréter ces* trends ?

« Les tendances expriment ce qui travaille une société de l'intérieur », note Li Edelkoort dans un des *Cahiers* du bureau de style, Trend Union, qu'elle a créé à Paris (cité dans *Vogue*, mars 1995 : 192), et indiscutablement les grandes tendances de la mode observées depuis près d'un demi-siècle et interprétées en termes durandiens fournissent bien des renseignements sur les mouvements qui agitent souterrainement les sociétés contemporaines et décident de leur transformation et de leur évolution.

C'est tout d'abord une position philosophique à l'égard du monde qu'indiquent les régimes et les structures identifiant une période donnée. Le régime diurne et les structures schizomorphes de l'imaginaire sont significatifs d'une société gouvernée par la toute-puissance de la raison, tandis que le régime nocturne et ses structures mystiques ou synthétiques caractérisent tout au contraire des sociétés qui accordent quelque place sinon à l'irrationnel, du moins à d'autres moyens d'accès à la connaissance : au sensible, à l'intuition ou à l'imagination.

Ainsi les années 1960, qui peuvent être définies par un imaginaire où les structures schizomorphes sont très largement dominantes, apparaissent-elles à cet égard comme un avatar du prométhéisme qui, depuis les Lumières au moins et durant tout le XIXe siècle, a assuré sa maîtrise sur les sociétés occidentales. Il y aurait par suite quelque logique d'en dire de même des années 1980 qui, elles aussi, relèvent du régime diurne. Pourtant, si les structures schizomorphes se revèlent importantes, elles coexistent avec un imaginaire des visages du temps et de la mort très présent, et quand l'époque semble un autre avatar du prométhéisme affirmant les bienfaits de la raison, c'est sans doute moins décisivement et sur un mode sensiblement différent, qui indique peut-être moins une prise de position philosophique qu'un positivisme social. L'identification des années 1960 comme emblèmes de la raison peut certes surprendre, tant l'on a tendance à considérer que l'époque, marquée culturellement et socialement par la révolution psychédélique, encourage une revalorisation du nocturne sous ses formes les plus variées. Mais, d'une part, s'il est exact que l'imaginaire psychédélique n'est pas sans encourager certains éléments mystiques ou synthétiques, il apparaît à l'évidence dans sa vision du monde même comme un nouveau prométhéisme, celui d'un progrès indéfini des connaissances et des technologies fondé sur l'expansion de conscience permise par les drogues hallucinogènes ; d'autre part et surtout, si la révolution psychédélique naît bien au milieu des années 1960 en Californie, elle n'atteindra vraiment l'Europe, principal bastion de la création vestimentaire, qu'au début de la décennie suivante, durant laquelle on a pu observer, de fait, la revalorisation du nocturne attendue.

Les années 1970, au regard de la majorité de leurs images qui s'organisent autour de structures mystiques et synthétiques, apparaissent en effet comme une remise en question du prométhéisme. « Le souci du compromis est la marque du *Régime Nocturne* » (Durand, 1984 : 307), et ce souci se manifeste dans une attitude philosophique qui, fondée sur le sentiment de la nature ou sur celui de l'accord cosmique, oscille entre naturalisme et mysticisme ou qui, quand elle finit par aboutir au désir, synthétique, de tout concilier (le rationalisme et le mysticisme, l'intellect, l'intuitif et le sensible), privilégie le syncrétisme. Cette attitude, qui trouve son prolongement pratique, par exemple, dans la volonté de se brancher aux sources vives de la nature et dans les préoccupations écologiques, est également celle de la décennie 1990. Mais cette dernière qui, à partir d'un socle « synthétique » développe un imaginaire fondamentalement mystique, adopte une vision essentiellement naturaliste à la religiosité diffuse.

C'est toutefois, plus évidemment encore qu'une position philosophique, l'attitude morale d'une société à l'égard du monde et de la vie en général, ses manières de se considérer elle-même et d'être ensemble, que l'imaginaire de la mode permet, plus que n'importe quel autre, de mettre en évidence. Mais cette attitude prend tout son sens et toute sa portée si l'on oppose deux à deux les quatre grandes périodes identifiées par les structures dominantes de leurs images.

L'univers héroïque de la mode des années 1960 est celui d'une société ayant confiance en elle-même, en sa capacité à affronter les défis qu'elle rencontre et qui, conquérante, s'engage, au mépris de toute réalité, dans une terrible effervescence prospective où rien ne semble impossible. Mais, en même temps, cet univers, en excluant pratiquement jusqu'à la possibilité de tout autre univers, manifeste un manque et s'oblige de lui-même à se convertir, pour retrouver un équilibre.

Et, en ce sens, les univers mystique et synthétique de la mode des années 1970 apparaissent à la fois comme son prolongement et sa contestation. S'ils ne remettent pas nécessairement en question cette confiance en soi qui faisait la particularité de la période précédente, ils en reconsidèrent les moyens. N'exprimant plus une foi totale dans le progrès technologique, ils cherchent, en faisant retour vers le concret, à l'équilibrer avec une gestion attentive du quotidien et à trouver à l'évolution du monde une traduction dans les différents compartiments de la vie sociale. Les structures mystiques trahissent en effet un repli vers l'intimité, le souci d'une relation apaisée avec l'environnement immédiat et celui d'un bien-être intérieur. À la volonté de possession de la nature se substitue celle de sa protection, de même qu'à une fuite hors du monde répond un enlisement dans le monde et en soi. Les structures synthétiques qui s'imposeront vers la fin de la décennie traduisent une volonté d'équilibre et de synthèse entre le dehors et le dedans, le passé et l'avenir ainsi que le désir de concilier les forces de la sexualité et celles de l'histoire, de vivre la plénitude de tous les instants et de renouer ainsi avec le temps cyclique propre aux sociétés archaïques qui livre l'éternité dans l'instant.

Le régime diurne des années 1980 diffère quelque peu, comme on l'a déjà remarqué, de celui des années 1960. Alors que ce dernier dépasse la thématique féminine, le premier, qui dérive de structures synthétiques dont la rythmique sexuelle constitue un modèle, oppose violemment à des visages du temps et de la mort très féminisés son univers schizomorphe, de sorte qu'on ne saurait s'étonner s'il est surtout dominé par des figures de la femme. Si, malgré tout, il exprime le dynamisme de sociétés à nouveau confiantes en elles-mêmes et en leur avenir et tendues vers un progrès économique et une modernité qui se livre dans leur maîtrise des technologies, il affiche surtout une essentielle modification dans le régime des sexes qui avait prévalu depuis des siècles. En multipliant les images d'une féminité inquiétante et mortifère, il manifeste bien une liaison traditionnelle entre la femme et la mort mais, en leur opposant, parfois en leur juxtaposant, un univers héroïque, il dit en même temps l'assomption sociale de la femme. À une femme qui menacerait l'homme dans son pouvoir, mais aussi dans son être et son identité, se superpose une femme conquérante, par laquelle s'effectuera l'évolution des sociétés, une femme synonyme de progrès et d'avenir.

De cela, le régime nocturne et les structures mystiques dans lesquels, dès la fin des années 1980, bascule l'imaginaire de la mode, ne sont pas un prolongement, fût-il contestataire, mais bien plutôt une rupture et un changement de perspective. À une angoisse existentielle et sociale à laquelle répond la fuite en avant dans l'action et dans le risque, quand ce n'est vers la transcendance, succède l'euphémisation de cette angoisse par le repli frileux sur soi et les limitations de la morale. Bref, après le vent du grand large, le retour à l'authenticité du village. D'une manière générale, ces structures mystiques expriment une plongée dans la nuit, un retour sur soi, dans l'intimité de la substance; mais aussi la défiance du désir et de la beauté, et la volonté de ne plus séduire qui va avec, comme on a déjà pu l'analyser à la question 44 – ainsi, à l'évidence, qu'une terrible difficulté d'être.

Conclusion

48 *Quel pouvoir la mode exerce-t-elle sur les représentations ?*

Sans même qu'il soit besoin d'évoquer les fashion victims, on sait que la mode apparaît à beaucoup comme exerçant sur les individus un terrible pouvoir, pouvoir quelque peu exorbitant aux yeux de certains. Mais il importe de souligner que, si dictature il y a vraiment, plutôt que du côté de la mode en elle-même, c'est surtout du côté des représentations qu'elle suscite qu'il convient de la chercher, ainsi que la dernière partie de ce livre pourrait inviter à le faire.

Outre la difficulté que l'on peut avoir à accepter que des déterminismes soient à l'origine d'un comportement individuel ou de pratiques collectives, ce qui semble difficilement acceptable, c'est qu'une activité qui reste aux yeux de la majorité aussi dérisoire que la couture puisse peser si fortement sur les représentations et, par suite, influer si décisivement sur les destinées d'une société que, dans cette activité, il est laissé une part très restreinte à la liberté individuelle du spectateur-consommateur mais que, en contrepartie, un rôle très important est attribué à un individu : le couturier. Parmi ces trois points, on peut toutefois assez rapidement réfuter le troisième en rappelant que la création vestimentaire est un phénomène complexe et qu'elle n'est pas l'affaire d'un seul créateur mais d'un ensemble de créateurs, ou plus précisément même d'un ensemble de créations qui tendent même parfois vers l'anonymat, ce qui dilue singulièrement le pouvoir du couturier. On pourrait ajouter, en outre, que ce pouvoir qu'on peut être tenté de lui prêter n'en est pas vraiment un puisqu'il n'est jamais assumé en tant que tel par lui et qu'il n'est pas dirigé en vue d'une fin particulière. De même, l'idée que le vêtement et son imaginaire exercent une telle dictature sur les représentations qu'ils ont un impact sur l'économie elle-même doit à l'évidence être nuancée. Si le vêtement peut modeler des comportements individuels et collectifs, et si son imaginaire peut, au moins indirectement, déterminer des comportements économiques, ce ne saurait être d'une manière totalitaire. D'une part, cette fonction, la création vestimentaire, quand bien même elle devrait sa prééminence au fait qu'elle s'inscrit directement sur le corps, la partage avec bien d'autres formes de création : littéraire, artistique, cinématographique. D'autre part, elle découle tout autant d'un contexte socio-économique qu'elle le crée. Et elle institue avec lui comme une sorte de va-et-vient qui, de lui-même, exclut toute forme d'hégémonie.

C'est la troisième réticence, relative à l'absence de toute liberté individuelle, qui, finalement, se révèle la plus difficile à lever. Car, du fait des processus complexes d'identification et d'imitation sur lesquels repose la mode, un individu ne peut jamais, à l'évidence, échapper complètement aux modèles vestimentaires qui lui sont proposés; par conséquent, il sacrifiera toujours, peu ou prou, à l'ambiance générale. Mais, à défaut de pouvoir trouver une plage de liberté en soi, on remarquera que, à l'intérieur des modèles vestimentaires dominants, le nombre de plus en plus important des vêtements proposés laisse malgré tout quelque place au choix individuel. En fait, l'acte de se vêtir apparaît comme un mélange de déterminisme et de libre arbitre ou, pour le dire dans des termes plus habituels, comme un mélange d'individualisme et de conformisme (aujourd'hui, beaucoup plus, bien entendu, dans le sens de se conformer à une ambiance générale qu'à un code social particulier).

49 *La mode, un objet privilégié de l'analyse sociologique ?*

Puisque, malgré tout, il ressort de cette dernière considération que, même si l'habit ne fait pas le moine, il fait incontestablement la société (ou les sociétés), elle est déjà de nature à faire tomber d'elle-même une autre objection fondamentale que l'on pourrait faire, touchant à la possibilité de lire l'état d'une société dans les vêtements qu'elle crée et qu'elle porte.

Il n'y a rien, au demeurant, de bien extraordinaire dans cette proposition. On admet volontiers que l'on peut lire l'ambiance d'une époque dans sa littérature, son cinéma ou, d'une manière générale, dans l'ensemble de ses créations artistiques. Pourquoi ne la lirait-on pas aussi dans ses vêtements ? Parce que le vêtement entretient un rapport plus direct avec le corps et concerne un plus large public, sa valeur heuristique promet même d'être supérieure. Simplement, cette lecture est moins simple et moins immédiate qu'on ne pourrait l'imaginer. Mais si l'on s'en donne les moyens, elle permet d'aller bien au-delà de banales constatations et de pénétrer très profondément sous la surface sociale pour montrer, indépendamment de toute autre considération, comment les images du vêtement et de la mode, interprétées avec des moyens appropriés, peuvent être des indicateurs fiables des angoisses et des aspirations d'une société à un moment donné de l'histoire. La démarche qui a été proposée à la question 45 et qui permet, *via* l'imaginaire du vêtement, d'accéder à l'imaginaire global des sociétés contemporaines, pourrait du reste être appliquée, avec les adaptations adéquates, à d'autres époques historiques dont la compréhension pourrait alors être améliorée. Elle pourrait aussi être utilisée pour affiner encore la lecture d'une société à un moment donné, en permettant par exemple de dégager et de confronter l'imaginaire de différents groupes – comme ces tribus qui, aujourd'hui, s'affirment dans le champ sociétal.

Si, après une réserve initiale, on admet malgré tout que l'imaginaire du vêtement est un moyen d'accès privilégié aux forces qui agitent souterrainement une société, certaines applications pratiques peuvent susciter quelque gêne. On peut en effet regimber devant la perspective d'expliquer le succès d'un couturier par la correspondance entre son imaginaire personnel et l'imaginaire vestimentaire général d'une période. Ou, au contraire, non seulement l'accepter mais être tenté d'en tirer des implications commerciales et de l'utiliser à des fins de marketing. Ce serait toutefois, dans l'un et l'autre cas, méconnaître gravement le caractère fondamentalement libre de tout acte de création. Et l'on rappellera simplement que, dans la correspondance dont il est question, il ne s'agit nullement d'un rapport mécanique, mais de la rencontre aléatoire d'une œuvre relevant le plus souvent de composantes personnelles avec l'esprit du temps, déterminé, lui, par de multiples et complexes éléments. Si l'on ne saurait faire coïncider délibérément une création individuelle avec la création d'une époque, en revanche, une création individuelle suffisamment forte peut certainement, sinon déterminer totalement, du moins orienter significativement en matière de vêtement un imaginaire collectif. Et puisqu'on connaît désormais la part déterminante qu'a le vêtement dans la modification des représentations et des comportements, on ne peut qu'espérer que cette création voie le jour...

50 *Et de la psychanalyse ?*

Même nuancées, par ces quelques remarques, la fonction sociale du vêtement, comme sa fonction heuristique, restent très fortes. Les sous-estimer, ce serait, à l'évidence, perdre un précieux outil de compréhension des sociétés contemporaines, mais en même temps une base indispensable à bien d'autres investigations, d'ordre anthropologique tout autant que d'ordre économique ou psychologique. C'est, en particulier, à partir de cette base qu'il importe de considérer – et de reconsidérer – les relations qu'à titre individuel tout un chacun entretient avec le vêtement, sans même qu'il soit nécessaire de convoquer les pathologies. Peut-être est-ce, au demeurant, faute d'avoir pu disposer de cette base qu'une psychanalyse du vêtement inaugurée par J. C. Flügel en 1930 avec sa *Psychology of Clothes (Le Rêveur nu)* n'a pas jusqu'à présent réussi à se développer. Et, dès lors, il deviendrait possible de remédier au surprenant silence de la psychanalyse relativement au vêtement.

C'est, toutefois, aussi en se demandant ce qui a rendu ce silence possible que l'on pourra rendre pleinement praticables certaines directions qui semblent ne demander qu'à être élargies et approfondies. Cette tâche, qui a été tentée récemment, passe par l'appréhension des enjeux du vêtement dans le dispositif de la psychanalyse et, pour le replacer, à l'avenir, au centre de son interrogation, par la tentative de définir les manières dont un discours psychanalytique sur la parure peut s'établir (Schneider, « La Peau et le partage sexué », dans Monneyron, 2001). Les voies ainsi déblayées permettant de mener à une théorisation, il reste maintenant à mettre celle-ci en œuvre. Certes, elle ne se décrète pas et elle est incontestablement l'aboutissement d'un long processus d'observation clinique et de maturation spéculative. Mais on peut espérer que, motivé par les perspectives désormais ouvertes, ce processus est maintenant prêt à se mettre en marche. On peut en tout cas souhaiter que le renversement philosophique nécessaire pour placer le vêtement au centre de l'observation sociologique vaille aussi bien pour la psychanalyse, qui décrétera alors : *À l'origine était le vêtement.*

Bibliographie

BAILLEUX Nathalie, REMAURY Bruno, *Modes & vêtements*, Paris, Gallimard, coll. « Découvertes », 1995

BALZAC Honoré (de), *Traité de la vie élégante* [1830], *La Comédie humaine*, Paris, Éd. du Seuil, coll. « L'Intégrale », 1966

BARTHES Roland, « Histoire et sociologie du vêtement », *Annales XX*, Paris, 1957

—, « Pour une sociologie du vêtement », *Annales XVI*, Paris, 1957

—, *Système de la Mode*, Paris, Éd. du Seuil, coll. « Points », 1967

—, *Le bleu est à la mode cette année*, Paris, IFM, 2001

BARBEY D'AUREVILLY Jules, *Du dandysme et de George Brummell*, *Œuvres complètes*, Paris, Gallimard, « Bibliothèque de la Pléiade », 1964

BAUDELAIRE Charles, *Œuvres complètes*, Paris, Gallimard, « Bibliothèque de la Pléiade », 1975

BAUDOT François, *Mode du siècle*, Paris, Assouline, 1999

BAUDRILLARD Jean, *De la séduction*, Paris, Galilée, 1979

—, *Les Stratégies fatales*, Paris, Grasset, 1983

BELL Quentin, *Mode et société. Essai sur la sociologie du vêtement* [*On Human Finery*, 1976], Paris, Presses universitaires de France, 1992

BENAÏM Laurence, *Yves Saint Laurent*, Paris, Grasset, 1993

—, *Le Pantalon. Une histoire en marche*, Paris, Éditions de l'Amateur, 1999

BENSTOCK Shari, FERRIS Suzanne (éd.), *On Fashion*, New Brunswick, N.J., Rutgers University Press, 1994

BLANC Odile, *Parades et parures. L'invention du corps de mode à la fin du Moyen Âge*, Paris, Gallimard, 1997

BOLLON Patrice, *Morale du masque. Merveilleux, zazous, dandys, punks, etc.*, Paris, Éd. du Seuil, 1990

BOUCHER François, *Histoire du costume en Occident. Des origines à nos jours* [1965], Paris, Flammarion, 1996

BOURDIEU Pierre, *La Distinction. Critique sociale du jugement*, Paris, Minuit, 1979

BOURDIEU Pierre, DELSAUT Yvette, « Le couturier et sa griffe : contribution à une théorie de la magie », dans *Actes de la recherche en sciences sociales*, n° 1, janvier 1975

BUTAZZI Grazietta, *La Mode. Art, histoire et société*, Paris, Hachette, 1983

CARASSUS Émilien, *Le Mythe du dandy*, Paris, Colin, coll. « U2 », 1971

CARNEGY Vicky, *Fashion of a Decade : The Eighties*, New York, Oxford, Sydney, Facts on File, 1990

CARLYLE Thomas, *Sartor resartus. La philosophie du vêtement* [1833], Paris, Aubier-Montaigne, 1973

CHENOUNE Farid, *Des modes et des hommes. Deux siècles d'élégance masculine*, Flammarion, 1993

—, *Les Dessous de la féminité. Un siècle de lingerie*, Assouline, 1998

CLÉRAMBAULT Gaëtan Gatian (de), *Passion érotique des étoffes chez la femme*, Paris, Les Empêcheurs de penser en rond, 1991

COBLENCE Françoise, *Le Dandysme, obligation d'incertitude*, Paris, Presses universitaires de France, 1988

CRAIK Jennifer, *The Face of Fashion : Cultural Studies in Fashion*, Londres, Routledge, 1994

DAGOGNET François, *Pour une théorie générale des formes*, Paris, Vrin, 1975

DAVIS Fred, *Fashion, Culture and Identity*, Chicago, University of Chicago Press, 1992

DELAPORTE Yves, « Le vêtement dans les sociétés traditionnelles », dans *Histoire des mœurs* I, Paris, Gallimard, « Bibliothèque de la Pléiade », 1990

DELAPORTE Yves, FONTANÈS Monique (de), *Vêtement et sociétés*, Paris, Musée de l'homme, 1979

DELBOURG-DELPHIS Marylène, *Le chic et le look. Histoire de la mode féminine et des mœurs de 1850 à nos jours*, Paris, Hachette, 1981

—, *La mode pour la vie*, Paris, Autrement, 1983

—, *Masculin singulier. Le dandysme et son histoire*, Paris, Hachette, 1985

DELBOURG-DELPHIS Marylène, MAURIÈS Patrick (dir.), *Humeur de mode*, Paris, Autrement, 1984

DELPIERRE Madeleine, *Se vêtir au XVIII*[e] *siècle*, Paris, Adam Biro, 1996

DESCAMPS Marc-Alain, *Le Nu et le Vêtement*, Paris, Éditions Universitaires, 1972

—, *Psychosociologie de la mode*, Paris, Presses universitaires de France, 1984

DESLANDRES Yvonne, *Le Costume. Image de l'homme*, Paris, Albin Michel, 1976

DESLANDRES Yvonne et MÜLLER Florence, *Histoire de la mode au XX*[e] *siècle*, Paris, Somogy, 1986

—, « Les modes vestimentaires dans la société occidentale », dans *Histoire des mœurs* I, Paris, Gallimard, « Bibliothèque de la Pléiade », 1990

DUMONT Louis, *Essais sur l'individualisme. Une perspective anthropologique sur l'idéologie moderne,* Paris, Éd. du Seuil, 1983

DURAND Gilbert, *Les structures anthropologiques de l'imaginaire* [1960], Paris, Dunod, 1984

—, *L'Imagination symbolique* [1964], Paris, Presses universitaires de France, coll. « Quadrige », 1989

—, *Figures mythiques et visages de l'œuvre*, Paris, Berg International, 1979

—, *Introduction à la mythodologie. Mythes et sociétés*, Paris, Albin Michel, 1996

ELIAS Norbert, *La Civilisation des mœurs* (*Über den Prozess der Zivilisation* I), Paris, Calmann-Lévy, 1973 (trad. de l'allemand par P. Kamnitzer)

—, *La Dynamique de l'Occident* (*Uber den Prozess der Zivilisation* II), Calmann-Lévy, 1975 (trad. de l'allemand par P. Kamnitzer)

ELZINGRE Martine, « Imaginaire et visions du féminin : la création dans le vêtement féminin », *Cahiers de l'imaginaire* n° 9, Paris, L'Harmattan, 1993

—, *Femmes habillées. La mode de luxe, styles et images*, Paris, Austral, 1996

FLÜGEL J. C., *Le Rêveur nu. De la parure vestimentaire* [*Psychology of Clothes*, 1930], Paris, Aubier Montaigne, 1982

FONTANEL Béatrice, *Corsets et soutiens-gorge. L'épopée du sein de l'Antiquité à nos jours*, Paris, La Martinière, 1992

FORTASSIER Rose, *Les Écrivains français et la mode. De Balzac à nos jours*, Paris, Presses universitaires de France, 1988

FOUCAULT Michel, *Histoire de la sexualité I*, Paris, Gallimard, 1980.

FREUD Sigmund, *Trois Essais sur la théorie de la sexualité*, Paris, Gallimard, 1962

—, *Malaise dans la civilisation*, Paris, Presses universitaires de France, 1971

—, « Le fétichisme », dans *La Vie sexuelle*, Paris, Presses universitaires de France, 1972

FRANCASTEL Pierre, *Études de sociologie de l'art*, Paris, Denoël, coll. « Médiations », 1970

GAUTIER Théophile, *De la mode*, Paris, Poulet-Malassis, 1858

GLOBLOT Edmond, *La Barrière et le niveau* [1930], Paris, Presses universitaires de France, 1967

GRAU François-Marie, *Histoire du costume*, Paris, Presses universitaires de France, 1999

GRUMBACH Didier, *Histoires de la mode*, Paris, Éd. du Seuil, 1993

HALL-DUNCAN Nancy, *The History of Fashion Photography*, New York, Alpine Book Company, 1979

HARVEY John, *Des hommes en noir*, Paris, Abbeville, 1998 (trad. de l'anglais par J. Lee)

HEINICH Nathalie, *États de femme, l'identité féminine dans la fiction occidentale*, Paris, Gallimard, 1996

HOLLANDER Anne, *Seing through Clothes*, Londres, 1988

—, *Sex and Suits. The Evolution of Modern Dress*, New York, Kodansha International, 1994

HOWELL Georgina, *In Vogue. Seventy-Five Years of Style*, Londres, Condé Nast Books, 1991

KIDWELL Claudia Brush, STEELE Valerie (dir.), *Men and Women : Dressing the Part*, Washington DC, Smithsonian Institution Press, 1989

KÖNIG René, *Sociologie de la mode* [*Kleider und Leute, Zur Soziologie der Mode*, 1968], Paris, Payot, 1969

KROEBER Alfred Louis, « On the Principle of Order in Civilization as Exemplified by Changes of Fashion », dans *American Anthropologist*, vol. XXI, 1919)

KROEBER Alfred Louis, RICHARDSON Jane, « Three Centuries of Women's Dress Fashion; a Quantitative Analysis », dans *Anthropological Records*, University of California Press, n° 2, vol. 5, 1940

LANGNER Lawrence, *L'Importance d'être vêtu*, Paris, Plon, 1959

LAURENT Jacques, *Le Nu, vêtu et dévêtu*, Paris, Gallimard, 1979

LAVER James, *Modesty in Dress. An Inquiry into the Fundamentals of Fashion*, Londres, Heinemann, 1969

—, *Histoire de la mode et du costume* [1969], Paris, Thames & Hudson, 1990

LELOIR Maurice, *Dictionnaire du costume et de ses accessoires*, Paris, Grund, 1992

LEMOINE-LUCCIONI Eugénie, *La Robe. Essai psychanalytique sur le vêtement*, Paris, Éd. du Seuil, 1983

LEVILLAIN Henriette (dir.), *L'esprit dandy. De Brummell à Baudelaire*, Paris, José Corti, 1991

LIPOVETSKY Gilles, *L'Empire de l'éphémère. La mode et son destin dans les sociétés modernes*, Paris, Gallimard, 1987

LOBENTHAL Joel, *Radical Rags : Fashion of the Sixties*, New York, Abbeville, 1990

LURIE Alison, *The Language of Clothes*, New York, Random House, 1981

LYNAM Ruth (dir.), *Couture : An Illustrated History of the Great Paris Designers and Their Creations*, Garden City (NY), Doubleday and Co, 1972

MCDOWELL Colin, *Histoire de la mode masculine*, Paris, La Martinière, 1997

MAFFESOLI Michel, *L'Ombre de Dionysos. Contribution à une sociologie de l'orgie*, Paris, Librairie des Méridiens, 1982

—, *Le Temps des tribus*, Paris, Librairie des Méridiens, 1988

—, *Au creux des apparences*, Paris, Plon, 1990

MAISONNEUVE Jean, BRUCHON-SCHWEITZER Marilou, *Le Corps et la Beauté*, Paris, Presses universitaires de France, 1999

MILBANK Caroline R., *Couture. The Great Designers*, New York, Stewart, Tabori and Chang, 1985

MONNEYRON Frédéric, *L'Androgyne décadent. Mythe, figure, fantasmes*, Grenoble, ELLUG, 1996

—, *Séduire, L'Imaginaire de la séduction de Don Giovanni à Mick Jagger*, Paris, Presses universitaires de France, 1997

— (dir.), *Le Masculin. Fictions, identité, dissémination* (colloque de Cerisy), Paris, L'Harmattan, 1998

—, *La Frivolité essentielle. Du vêtement et de la mode*, Paris, Presses universitaires de France, 2001 (rééd. Poche Quadrige, 2008)

— (dir.), *Le Vêtement* (colloque de Cerisy), Paris, L'Harmattan, 2001

—, *La Sociologie de la mode*, Paris, Presses universitaires de France, 2006 (rééd. 2010)

— (dir.), *Métaphysique de la mode,* Bruxelles/Paris, Éd. du Cercle d'art, 2008

—, *La Photographie de mode. Un art souverain,* Paris, Presses universitaires de France, 2010

MONTANDON Alain (dir.), *Dictionnaire raisonné de la politesse et du savoir-vivre. Du Moyen Âge à nos jour,* Paris, Éd. du Seuil, 1995

NATTA Marie-Christine, *La Mode*, Paris, Anthropos, 1996

OBALK Hector, SORAL Alain, PASCHE Alexandre, *Les Mouvements de mode expliqués aux parents*, Paris, Robert Laffont, 1984

PAGES-DELON Michèle, *Le Corps et ses apparences. L'envers du look*, Paris, L'Harmattan, 1989

PASTOUREAU Michel, *Le Vêtement : histoire, archéologie et symbolique vestimentaire*, Léopard d'Or, 1989

—, *L'Étoffe du Diable*, Paris, Éd. du Seuil, 1991

PERETZ Henri, « Le vendeur, la vendeuse et leur cliente. Ethnographie du prêt-à-porter de luxe », *Revue française de sociologie* n° 1, 1992

PERROT Philippe, *Les Dessus et les Dessous de la bourgeoisie. Une histoire du vêtement au XIXe siècle*, Bruxelles, Complexe, 1984

—, *Le Luxe. Une richesse entre faste et confort XVIIIe-XIXe siècle*, Paris, Éd. du Seuil, 1995

PIPONNIER Françoise, MANE Perrine, *Se vêtir au Moyen Âge*, Paris, Adam Biro, 1995

POIRET Paul, *En habillant l'époque*, Paris, Grasset, 1930

POLHEMUS Ted, *Street Style : From Sidewalk to Catwalk*, Londres, Thames and Hudson, 1994

PURDY Daniel Leonhard (éd.)., *The Rise of Fashion*, Minneapolis, University of Minnesota Press, 2004

REY-FLAUD Henri, *Comment Freud inventa le fétichisme et réinventa la psychanalyse*, Paris, Payot, 1995

ROCHE Daniel, *La Culture des apparences. Une histoire du vêtement XVII*[e]*-XVIII*[e] *siècle*, Paris, Fayard, 1989

ROGER Alain, *Nus et paysages. Essais sur la fonction de l'art*, Paris, Aubier, 1978

ROSELLE Bruno (du), *La Mode*, Paris, Imprimerie Nationale, 1980

ROUFF Maggy, *La Philosophie de l'élégance*, s.l, Éditions littéraires, 1942

SAINT-LAURENT Cecil, *Histoire imprévue des dessous féminin*, Paris, Herscher, 1986

SCHIAPPARELLI Elsa, *Shocking Life*, Londres, J.M. Dent & Sons, 1954

SIMMEL Georg, *Philosophie de la modernité*, Paris, Payot, 1989 (trad. de l'allemand par J.-L. Vieillard-Baron)

—, « La Mode » [1895], dans *La Tragédie de la culture*, Paris, Rivages, 1993 (trad. de l'allemand par S. Cornille et Ph. Ivernel)

SORAL Alain, *La Création de mode*, Paris, S.I.S., 1987

SPENCER Herbert, *Principles of Sociology* [1876-1906], 4 vol., Seattle, University Press of the Pacific, 2004

STEELE Valerie, *Paris Fashion. A Cultural History*, New York, Oxford University Press, 1988

—, *Fétiche. Mode, sexe et pouvoir*, Paris, Abbeville Press, 1997 (trad. de l'anglais par Marie-Ange Guillaume)

—, *Se vêtir au XX*[e] *siècle. De 1945 à nos jours*, Paris, Adam Biro, 1998

TARDE Gabriel (de), *Les Lois de l'imitation, étude sociologique* [1890], Paris, Kimé, 1993

THOMAS Joël (dir.), *Introduction aux méthodologies de l'imaginaire*, Paris, Ellipses, 1998

TOUSSAINT-SAMAT Maguelonne, *Histoire technique et morale du vêtement*, Paris, Bordas, 1990

VEBLEN Thorstein, *Théorie de la classe de loisir* [*The Theory of the Leisure Class,* 1899], Paris, Gallimard, coll. « Tel », 1970

WAQUET Dominique, LAPORTE Marion, *La Mode*, Paris, Presses universitaires de France, 1999

WAUGH Norah, *Corsets and Crinolines*, Londres, B. T. Basford Ltd, 1954

YORK P., *Modern Times*, Londres, Heinemann, 1984

WUNENBURGER Jean-Jacques, *Philosophie des images*, Paris, Presses universitaires de France, 1997

YONNET Paul, *Jeux, modes et masse. La société française et le moderne (1945-1985),* Paris, Gallimard, 1985

Index

Les chiffres correspondent au numéro de la question.

Ce volume,
le vingt-troisième de la collection
« 50 questions »,
publié aux éditions Klincksieck
a été achevé d'imprimer en novembre 2010
sur les presses de l'Imprimerie SEPEC,
01960 Peronnas.

N° d'éditeur : 0093
N° d'imprimeur : 101027527
Dépôt légal : novembre 2010